Dr. Angela Fetzner

Blutdruck senken ohne Medikamente – Natürliche Maßnahmen zur Selbsttherapie

Bibliografische Information
der Deutschen Nationalbibliothek
Die Deutsche Nationalbibliothek verzeichnet
diese Publikation in der Deutschen National-
bibliografie; detaillierte bibliografische Daten
sind im Internet über http://dnb.dnb.de abrufbar.

© 2017, 2018 Dr. Angela Raab geb. Fetzner
alle Rechte vorbehalten
4. Auflage 2018

Herstellung und Verlag: BoD Books on Demand, Norderstedt

Umschlaggestaltung:
ZERO Werbeagentur, München unter Verwendung von Motiven von shutterstock.com
Foto: © wavebreakmedia shutterstock.com
Buchsatz: Michael Raab

ISBN 9783743124219

Inhaltsverzeichnis

Prolog	7
Bluthochdruck – Volkskrankheit Nummer eins	9
Bluthochdruck – Der stille Killer	11
Bluthochdruck – Entscheidend sind Vorbeugung und frühzeitige Therapie	12
Was ist eigentlich der Blutdruck?	14
Welche Blutdruckwerte sind normal?	15
Wie man den Blutdruck richtig misst	19
Teufelskreis Bluthochdruck	24
Ursachen von Bluthochdruck	27
Medikamente niemals eigenmächtig absetzen	32
Was den Blutdruck in die Höhe treibt	34
Krankheit als Chance	41
Was ist Heilung?	44
Hinweis	47
Den Blutdruck auf natürliche Weise senken	49
Schüßler-Salze zum Senken des Blutdrucks	52
Homöopathische Mittel bei Bluthochdruck	59
Sanfte Anwendungen zum Einsatz bei Bluthochdruck	72
Wirksame Wasseranwendungen	73
Bürstenmassagen	79
Sonnenlicht senkt den Blutdruck	81
Ausreichender Schlaf schont Herz und Blutdruck	83
Die Feueratmung	85
Besserer Umgang mit Stress	87
Die Macht der Gedanken	89
Affirmationen	95

Entspannungstechniken	102
Die richtige Atmung kann wahre Wunder bewirken	120
Kontakte pflegen	126
Verbannen Sie Leute und Dinge, über die Sie sich ärgern, aus Ihrem Leben	129
Energieblockaden im Körper auflösen	131
Akupressur und Akupunktur als Heilmethoden gegen Bluthochdruck	133
Schröpfen gegen erhöhten Blutdruck	134
Die richtige Ernährung bei Bluthochdruck	135
Gesunde Ernährung als Heilmittel	136
Die Basics für eine gesunde Ernährung	150
Das Glyx-Prinzip - Gute und schlechte Kohlenhydrate	152
Gesunde Ernährung im Einklang mit der Natur	155
Geschmack kann man trainieren	161
Die richtige Ernährung als wichtige Säule einer blutdrucksenkenden Therapie	163
Wie sieht es mit Kaffee aus?	165
Erhöhte Kochsalzaufnahme fördert Bluthochdruck	167
Kalium – Natürlicher Gegenspieler des Natriums	175
Weitere Mineralstoffe und Vitamine im Kampf gegen Bluthochdruck	177
Magnesium – Stark gegen Stress	178
Vitamin D – Sonderstellung unter den Vitaminen	183
Calcium – Nicht nur für die Knochen gut	185
Vitamin C – Nicht nur hilfreich fürs Immunsystem	186
Arginin – Der Bedarf steigt mit dem Lebensalter	188
Fisch - Gesundheit aus Meer und Fluss	190

Blutdruck senken durch die Kraft von Heilpflanzen und Superfoods	191
Knoblauch – Gewürz und Heilpflanze bei Bluthochdruck	192
Rote Beete - Blutdruckschutz in Knallfarbe	194
Matcha – Japanischer Wundertee gegen Bluthochdruck	196
Chia – Blutdrucksenken mit der Powernahrung der Azteken	198
Chili – Scharfe Schote aus Amerika	201
Spargel – Königliches Gemüse für den Blutdruck	202
Himbeeren – Verführerisch und gesund	204
Artischocken – Kulinarischer Genuss und Wohltat für das Herz	206
Die DASH-Diät – Die blutdrucksenkende Diät aus den USA	210
Die Mittelmeer-Diät – Die herz- und blutdruckfreundliche Ernährung	213
Reichlich trinken senkt den Blutdruck	216
Alkohol – Gefahr für Herz und Blutdruck	222
Nikotin – Gift für den Blutdruck	223
Zucker - Nicht süßer Spaß, sondern toxischer Teufel	225
Fleisch - Die rote Gefahr	229
Trans-Fettsäuren - Killerfett in unserer Nahrung	231
Übersäuerung als Ursache von erhöhtem Blutdruck	232
Säurebildende Lebensmittel	236
Regelmäßige Bewegung gegen Bluthochdruck	240
Bewegung bringt einen großen Gewinn für die gesamte Gesundheit	242
Welcher Sport ist für Hypertoniker geeignet?	244
Bewegung, die Spass macht	246
Ideale Ausdauersportarten	252
Gymnastik hält die Gelenke beweglich	258

Epilog	259
Zur Autorin	260
Ein herzliches Dankeschön	261
Eine kleine Auswahl weiterer Bücher, die von Interesse für Sie sein könnten	262
Qualität im Zeichen des Mörsers	266

Prolog

Liebe Leserin und lieber Leser,

Volkskrankheit Bluthochdruck — Die schleichende Gefahr

Schätzungsweise 20 Millionen Deutsche leiden unter einem erhöhten Blutdruck. Verlässliche Zahlen hierzu gibt es allerdings nicht, da viele Betroffene überhaupt nichts von ihrer Erkrankung wissen. Bluthochdruck entwickelt sich schleichend, weshalb die heimtückische Krankheit auch als „stummer Killer" bezeichnet wird. Die ganze Tragweite der Erkrankung wird oft erst klar, wenn ernsthafte Folgeerkrankungen, wie Herzinfarkt und Schlaganfall, auftreten. Doch soweit muss es nicht kommen. Legen Sie einem hohen Blutdruck beizeiten das Handwerk und verweisen Sie ihn in die für ihn vorgesehenen Schranken.

Ein gesundes Herz ist der Schlüssel zu einem gesunden und vitalen Leben

Leiden auch Sie unter einem erhöhten Blutdruck und möchten selbst etwas dagegen tun? Die gute Nachricht lautet: Die Krankheit ist sehr gut therapierbar und in den meisten Fällen lassen sich erhöhte Blutdruckwerte auf natürliche Weise senken. Oft sind die Erfolge hierbei so groß, dass keine blutdrucksenkenden Medikamente (mehr) benötigt werden. Wichtig ist es allerdings, verordnete Medikamente auf keinen Fall eigenmächtig abzusetzen oder die Dosis auf eigene Faust zu verringern.

Unterstützen Sie Ihr Herz durch die ganzheitliche Blutdrucktherapie

In diesem Buch werden alle natürlichen Therapien und Behandlungsformen geschildert, die sich als wirksam in der Therapie des Bluthochdrucks erwiesen haben. Es handelt sich hierbei um alltagstaugliche, motivierende und effiziente Maßnahmen zur Selbstbehandlung. Hierzu gehören wirksame Methoden zum Abbau von Stress, moderate Bewegung, eine ausgewogene Ernährung und viele weitere natürliche Therapien wie Homöopathie, Einsatz von Schüßler-Salzen usw. Seien Sie zudem nicht überrascht, wenn die dargestellten Maßnahmen nicht nur Ihren Blutdruck normalisieren, sondern andere Beschwerden ebenfalls verschwinden – denn die natürliche Blutdrucktherapie sorgt zudem für ein Plus an Vitalität und Energie sowie für mehr Ausgeglichenheit und Gelassenheit.

Die Autorin berät und informiert als promovierte Apothekerin seit zwei Jahrzehnten zahlreiche Kunden. Als unabhängige Autorin und Apothekerin fühlt sich die Verfasserin dieses Buchs nur der Gesundheit und dem Wohl der Menschen verpflichtet.

Herzlichst Ihre Apothekerin Dr. Angela Fetzner

Bluthochdruck – Volkskrankheit Nummer eins

Bluthochdruck ist weit verbreitet. Schätzungsweise dreißig Prozent der Deutschen leiden unter erhöhtem Blutdruck, wobei die Häufigkeit der Erkrankung mit dem Alter zunimmt. So ist in der Altersgruppe der über 55jährigen vermutlich sogar jeder Zweite von Bluthochdruck betroffen. Verlässliche Zahlen hierzu gibt es allerdings nicht, da etwa 20 % der Betroffenen nichts von ihrer Erkrankung wissen bzw. sich nicht behandeln lassen - So muss man auch davon ausgehen, dass die Dunkelziffer gerade bei Bluthochdruck sehr hoch ist. Zwar ist die Aufklärungs- und Behandlungsquote in den vergangenen Jahren deutlich gestiegen – ein erhöhter Blutdruck ist inzwischen auch einer der häufigsten Besuchsanlässe in allgemeinmedizinischen Praxen. Dennoch wissen immer noch viel zu wenig Menschen um die Gefahren eines zu hohen Blutdrucks bzw. werden nicht oder nur unzureichend therapiert. So geht man davon aus, dass fünfzig Prozent der Herzinfarkte und Schlaganfälle vermeidbar wären, wenn rechtzeitig geeignete Maßnahmen gegen einen zu hohen Blutdruck ergriffen würden.

Weiter ist knapp die Hälfte aller Todesfälle in Deutschland (d. h. jährlich über 400000) auf Erkrankungen des Herz-Kreislauf-Systems zurückzuführen – meist ist hierbei Bluthochdruck als einer der wichtigsten Risikofaktoren daran beteiligt. Die Zahl der Menschen mit Bluthochdruck hat sich in den letzten 40 Jahren weltweit fast verdoppelt, wobei der Anstieg auch durch das Bevölkerungswachstum und die gestiegene Lebenserwartung zu erklären ist. In Deutschland findet man übrigens die höchste Blutdruck-Prävalenz in ganz Europa, auch bei der Sterberate an Schlaganfällen ist Deutschland führend in Europa.

Weltweit gesehen ist Bluthochdruck am meisten in Afrika verbreitet, wo knapp fünfzig Prozent der Bevölkerung im Alter ab 25 Jahren unter Bluthochdruck leidet.

Bluthochdruck – Der stille Killer

Während die meisten Krankheiten durch bestimmte Symptome (z. B. Schmerzen) auffallen und der dadurch entstehende Leidensdruck die Patienten ermuntert, etwas gegen die Erkrankung zu tun, verursacht ein erhöhter Blutdruck lange Zeit meist überhaupt keine Beschwerden. Selbst wenn bereits Organschäden aufgetreten sind, sind häufig keine Anzeichen der Krankheit spürbar. Im Gegenteil, die Erkrankten fühlen sich häufig pudelwohl, brauchen wenig Schlaf, sind leistungsfähig und beruflich erfolgreich. Daher bleibt Bluthochdruck oft lange Zeit unerkannt und unbehandelt. Und genau diese Umstände machen die Gefährlichkeit des Bluthochdrucks aus: Während sich die Menschen mit Bluthochdruck gesund wähnen, – weil sie keine Beschwerden verspüren – ist bereits ein schädigender Einfluss auf die Gefäße und das Herz vorhanden. Bluthochdruck bleibt über viele Jahre, häufig sogar über Jahrzehnte, schmerzlos, schleichend und ohne Symptome – mit am Ende aber oft tödlichen Folgen. Aus diesem Grund vergleicht man die heimtückische Erkrankung oft mit einem gefährlichen Raubtier, das man weder hört noch sieht, welches aber urplötzlich aus dem Hinterhalt angreift – und zwar dann, wenn man am wenigsten damit rechnet. So wähnen sich Millionen Menschen in falscher Sicherheit, weil sie nichts von ihrer Erkrankung wissen. Die ganze Tragweite des Bluthochdrucks wird oft erst klar, wenn ernste Folgen, wie etwa ein Schlaganfall, auftreten. Doch soweit muss es nicht kommen.

Bluthochdruck – Entscheidend sind Vorbeugung und frühzeitige Therapie

Leider wird der Vorbeugung, der Erkennung und der frühzeitigen Therapie des Bluthochdrucks – trotz einiger Verbesserungen in den letzten Jahren - im Allgemeinen immer noch nicht die nötige Aufmerksamkeit geschenkt. Dies liegt auch darin begründet, dass an Bluthochdruck Erkrankte oft nicht die Notwendigkeit einer Therapie erkennen – selbst wenn Bluthochdruck diagnostiziert wird, fällt es den Betroffenen schwer, etwas gegen einen vermeintlich abstrakten Wert wie den Blutdruckwert zu unternehmen. Daneben ist der beschwerdefreie Beginn und Verlauf der Erkrankung eine weitere Ursache für die inkonsequente Therapie, zudem kostet es den Einzelnen oft einige Überwindung, den gewohnten und liebgewonnenen Lebensstil umzustellen. Jedoch ist Bluthochdruck – auch dann, wenn er symptomlos verläuft – immer ein Zeichen dafür, dass im Körper gravierende und schädliche Prozesse ablaufen. Zunächst wird hoher Blutdruck noch durch entsprechende körpereigene Kompensationsmechanismen (Erhöhung der Schlagkraft des Herzens, Erhöhung der Herzfrequenz) in Schach gehalten – was auch der Grund dafür ist, dass Hypertonie-Patienten anfangs nichts von ihrer Krankheit bemerken, sondern sich sogar gut fühlen.

Erst wenn die natürlichen Kompensationsmechanismen versagen und zusammenbrechen, kommt es zu ausgeprägten Beschwerden und Krankheitsbildern. Um langfristige und schwerwiegende Schäden wie Herzinsuffizienz, Angina pectoris, Ödeme, Gefäßveränderungen usw. zu vermeiden, ist eine frühzeitige Intervention unabdingbar. So ist es zuallererst unerlässlich, den Bluthochdruck zunächst überhaupt aufzuspüren, um diesen erfolgreich behandeln zu können. Ein diagnostizierter Bluthochdruck darf keineswegs auf die leichte Schulter genommen werden, denn bei fortgeschrittenem und lange bestehendem Bluthochdruck sind die eingetretenen Schäden oft nicht mehr reversibel. Deshalb gilt es, dem Bluthochdruck frühzeitig das Handwerk zu legen und ihn in seine Schranken zu verweisen.

Was ist eigentlich der Blutdruck?

Der Blutdruck ist der Druck, mit dem das Blut im Körper durch die Gefäße gepumpt wird. Die Gefäße, die vom Herzen weg führen, werden Arterien genannt, in den Venen fließt das Blut dagegen zum Herzen zurück. Wenn man von Blutdruck im Allgemeinen spricht, ist üblicherweise der Druck in den größeren Arterien auf Herzhöhe gemeint. Der Blutdruck ist in der Aorta am größten und sinkt auf dem Weg des Blutes durch den Blutkreislauf über Arterien, Kapillaren und Venen immer weiter ab, bis wieder das Herz erreicht wird.

Das Herz besteht aus vier Räumen, dem linken Vorhof, der linken Kammer, dem rechten Vorhof und der rechten Kammer. Das in der Lunge mit Sauerstoff angereicherte Blut fließt aus dem Lungenkreislauf (kleiner Kreislauf) in den linken Vorhof des Herzens und von dort in die linke Kammer. Durch die Kontraktion des Herzmuskels wird sauerstoffreiches Blut aus der linken Kammer in die Aorta (die Hauptschlagader) gepumpt, von dort fließt es in alle Bereiche des Körpers (großer Kreislauf), um sämtliche Organe mit Blut und somit mit Sauerstoff und allen wichtigen Nährstoffen zu versorgen. Anschließend fließt das sauerstoffarme Blut über die Venen zurück in den rechten Vorhof des Herzens und in die rechte Herzkammer.

Durch die Kontraktion des Herzens gelangt das sauerstoffarme Blut wiederum in den Lungenkreislauf, wo es erneut mit Sauerstoff angereichert wird. Dieser Prozess wiederholt sich kontinuierlich, in Form von Wellen.

Der Druck, mit dem das Blut durch die Gefäße fließt, wird in Millimeter Quecksilber (mm Hg) gemessen. Der Blutdruck wird typischerweise als zwei Zahlen angegeben. Bei dem ersten (dem höheren Wert) handelt es sich um den sogenannten systolischen Blutdruck, bei dem zweiten Wert (dem niedrigeren Wert) um den diastolischen Blutdruck.

Der systolische Wert charakterisiert die Auswurfleistung des Herzens, dieser Wert repräsentiert den Druck in der linken Herzkammer im Moment der maximalen Muskelkontraktion. Der diastolische Blutdruck ist der Restdruck bei Erschlaffung des Herzmuskels. Während der Diastole füllen sich die Herzkammern mit Blut aus den Vorhöfen des Herzens, um anschließend bei der nächsten Kontraktion (Systole) ins Gefäßsystem ausgestoßen zu werden. Der diastolische Druck stellt somit den Basiswert dar, also den niedrigsten Druck im Gefäßsystem.

Welche Blutdruckwerte sind normal?

- Als optimal werden Blutdruckwerte unter 120/80 mm Hg angesehen.
- Als normal gelten Werte von 120-129 mm Hg (systolischer Wert) bzw. von 80-84 mm Hg (diastolischer Wert).
- Als hoch-normal bezeichnet man systolische Werte zwischen 130-139 mm Hg und/oder diastolische Werte zwischen 85-89 mm Hg.
- Hypertonie der Stufe I ist gekennzeichnet durch systolische Werte von 140-159 mm Hg und/oder diastolische Werte von 90-99 mm Hg.
- Hypertonie der Stufe II ist charakterisiert durch systolische Werte von 160-179 mm Hg und/oder diastolische Werte von 100-109 mm Hg.
- Bei der Hypertonie vom Grad III sind die systolischen Werte ≥180 mm Hg und/oder die diastolischen Werte ≥110 mg Hg.

In einem gesunden Körper reguliert sich der Blutdruck selbst, wobei er einem Tag-Nacht-Rhythmus unterliegt. Am Morgen kommt es zu einem starken Anstieg des Blutdrucks, der Gipfel ist zwischen neun und zehn Uhr morgens erreicht. Anschließend fällt der Blutdruck im Laufe des Vormittags wieder, parallel sinken Herzfrequenz und Körpertemperatur.

Am Nachmittag steigt der Blutdruck erneut an, mit einem zweiten, niedrigeren Höchstwert (nach dem morgendlichen Höchstwert) gegen 19 Uhr. In der Nacht sinken die Blutdruckwerte üblicherweise, der niedrigste Wert liegt im Allgemeinen gegen zwei bis drei Uhr in der Nacht vor. Bei Hypertonikern liegt ebenfalls ein circadianer Verlauf des Blutdrucks vor, allerdings auf grundsätzlich höherem Niveau. Von diesem allgemeinen Schema weicht der nächtliche Bluthochdruck ab – dieser ist besonders gefährlich, weil ein weitaus höheres Risiko für einen Schlaganfall und Herzinfarkt besteht. Daneben gibt es natürlich auch individuelle Blutdruckschwankungen, die von der Art der körperlichen Betätigung bzw. von Ruhephasen abhängig sind. Auch bestimmte emotionale Stimmungen (Ärger, Kummer, Frustration) oder Stress beeinflussen den Blutdruck.

Bei körperlicher Betätigung sowie bei emotionaler Belastung steigt der Blutdruck, damit der Körper vermehrt mit Sauerstoff und Nährstoffen versorgt werden kann.

Diese Veränderungen erfolgen rasch, sie sind zunächst auch eine sinnvolle Einrichtung des Körpers, um mit Phasen des Stresses und auch der körperlichen Belastung besser umgehen zu können. Umso höher der Blutdruck ist, desto leistungsfähiger und agiler ist der Mensch. Vom Aspekt der Evolutionsbiologie ist dies durchaus eine nützliche Reaktion auf Gefahren und Bedrohungen. Denn durch die Erhöhung des Blutdrucks wird der Körper in erhöhte Flucht- und Alarmbereitschaft versetzt.

Zu krankhaften Veränderungen kommt es erst z. B. bei langanhaltenden Phasen von Stress und infolgedessen permanent erhöhten Blutdruckwerten. Bluthochdruck kann man also als Versuch des Körpers sehen, sich an widrige Umstände wie Stress, Ärger usw. anzupassen.

Wie man den Blutdruck richtig misst

Um einen Überblick über den Blutdruck zu erhalten, ist es unerlässlich, diesen regelmäßig zu messen. Ein einmaliger Messwert ist natürlich wenig aussagekräftig, deshalb muss der Blutdruck über einen längeren Zeitraum gemessen werden. Um tageszeitliche Schwankungen zu erfassen, ist es notwendig, den Blutdruck zu verschiedenen Tageszeiten zu messen. Die gemessenen Werte sollten in einem Blutdruckpass – den Sie bspw. kostenlos in Apotheken erhalten – festgehalten werden. Auch bei normalen Blutdruckwerten sollte regelmäßig der Blutdruck gemessen werden – die Grenze zwischen normalem Blutdruck und Hypertonie ist oft fließend und viel zu oft geht ein normaler Blutdruck irgendwann schleichend in einen Bluthochdruck über. Diesen Zustand gilt es frühzeitig festzustellen. Bei bestehendem Bluthochdruck können Selbstkontrollen motivierend sein – bei Durchführung entsprechender Maßnahmen gegen einen erhöhten Blutdruck kann so der Erfolg der Therapie beurteilt werden und es kann abgeschätzt werden, ob ggf. noch zusätzliche Maßnahmen ergriffen werden müssen.

Der Blutdruck kann mühelos zuhause mithilfe eines entsprechenden Blutdruckmessgerätes kontrolliert werden. Deshalb gehört ein Blutdruckmessgerät in jeden Haushalt – ist die Messung doch aussagekräftig, risikolos, schmerzlos und obendrein noch preisgünstig.

Die Messung im Rahmen der eigenen vier Wände ist auch deshalb sinnvoll, weil die vom Arzt festgestellten Blutdruckwerte in der Regel viel höher sind als die zu Hause gemessenen Werte. Diesen Effekt bezeichnet man auch als „Weißkitteleffekt" – der Patient ist angespannt und aufgeregt, während der Arzt den Blutdruck misst. Problematisch ist in diesem Zusammenhang auch, wenn ein Patient lediglich aufgrund ärztlicher Einzelmessungen als Hypertoniker eingestuft wird und dementsprechend medikamentös behandelt wird. Deshalb sollte beim Auftreten einzelner erhöhter Blutdruckwerte in der Arztpraxis immer eine Langzeitblutdruckmessung zur genauen Beurteilung des Blutdrucks herangezogen werden.

Zuhause lässt sich der Blutdruck am einfachsten mithilfe eines automatischen Blutdruckmessgerätes – also eines Blutdruckmessgerätes ohne Stethoskop – messen. Elektronische automatisierte Blutdruckmessgeräte sind als Handgelenk- und als Oberarmmessgeräte erhältlich. Wegen der einfacheren Handhabung wird Handgelenkmessgeräten häufig der Vorzug gegeben. Generell sollten jedoch Oberarmmessgeräte präferiert werden, da diese genauere Ergebnisse liefern.

Bei Vorliegen von Arteriosklerose, Diabetes und Herzrhythmusstörungen sollte man von der Verwendung von Handgelenkmessgeräten gänzlich Abstand nehmen, da Handgelenkmessgeräte in diesen Fällen keine aussagekräftigen Ergebnisse liefern.

Folgende Punkte sind weiterhin bei der korrekten Messung des Blutdrucks zu beachten:

- Lassen Sie sich beim Erwerb eines Blutdruckmessgeräts (z. B. in der Apotheke) die korrekte Durchführung der Blutdruckmessung erklären. Wenn einige Fragen erst zuhause auftreten, sollten Sie sich nicht scheuen, nochmals Ihre Apotheke aufzusuchen.
- Der Blutdruck sollte immer in Ruhe gemessen werden.
- Vor der Blutdruckmessung sollte man – um die Messwerte nicht zu verfälschen – auf körperliche Betätigung verzichten, weiterhin auf Rauchen sowie auf den Genuss von Alkohol und Coffein. Die Messung sollte nach einer etwa zehnminütigen Ruhepause erfolgen. Während der Messung sollte man ruhig sitzen, es sollten keine Ablenkungen erfolgen, bspw. sollte nicht gesprochen werden.
- Die erste Messung des Tages sollte bereits morgens im Bett vor dem Aufstehen erfolgen. So erfolgen keine Beeinträchtigungen durch körperliche Betätigung, Stress u. ä.

- Die Blutdruckmessung kann im Liegen, Sitzen oder Stehen erfolgen. Für die Blutdruckmessung zuhause bietet sich die Messung im Sitzen an. Kleidungsstücke, welche den Arm einengen, sollten allerdings zuvor ausgezogen werden. Die Beine befinden sich nebeneinander, ein Übereinanderschlagen der Beine ist zu vermeiden.
- Der Arm sollte immer in Herzhöhe positioniert sein, um richtige Messwerte zu erhalten. Der Arm sollte hierbei vorzugsweise gestreckt und entspannt auf einer festen Unterlage abgestützt werden. Die Manschette sollte zwar straff angelegt sein, sie darf jedoch nicht zu fest angezogen werden.
- Die Manschette muss gut sitzen, die Manschettengröße sollte dem Armumfang angepasst sein.
- Manschetten sind in verschiedenen Größen erhältlich, bspw. benötigen Menschen mit einem größeren Armumfang eine breitere Manschette. Nicht passende Manschetten können verfälschte Blutdruckwerte zur Folge haben – ist die Manschette bspw. zu klein, wird häufig ein zu hoher Blutdruck vorgetäuscht.

- Zunächst sollte der Blutdruck an beiden Armen gemessen werden. Für künftige Messungen wird immer der Arm herangezogen, welcher die höheren Messwerte ergibt. Eine starke Differenz der Messwerte an beiden Armen (≥ 10 mm Hg systolisch oder diastolisch) könnte u. a. auf eine Verengung der arteriellen Gefäße hinweisen und muss entsprechend ärztlich abgeklärt werden.
- Der Blutdruck sollte mehrmals am Tag zu verschiedenen Zeiten ermittelt werden.
- Neben der Blutdruckmessung zuhause sollte von Zeit zu Zeit eine Langzeitblutdruckmessung (24-h-Blutdruckmessung) durchgeführt werden.
- Lassen Sie regelmäßig Kontrollmessungen in der Apotheke oder beim Hausarzt durchführen, um Ihre selbst gemessenen Werte zu verifizieren.

Teufelskreis Bluthochdruck

Die große Gefahr des Bluthochdrucks besteht einerseits darin, dass die Krankheit meist heimtückisch und nicht spürbar verläuft. Zum anderen bedingt Bluthochdruck zahlreiche krankhafte Veränderungen im gesamten Körper, die wiederum nach Art eines Teufelskreises den Blutdruck ansteigen lassen und alle Versuche, den Blutdruck zu senken, erschweren und häufig zum Scheitern verurteilen. Eine verhängnisvolle Spirale des Todes wird also eingeläutet. Ein andauernd hoher Druck in den Arterien schädigt sowohl das Herz als auch die Gefäße. Die ehemals flexiblen und elastischen Gefäßwände werden starr und verhärten sich, weiterhin werden sie enger und verkalken. Damit das Blut nun durch diese starren und engen Gefäße fließen kann, muss wiederum der Druck des Blutes erhöht werden. Der Körper hat also gute Gründe, wenn er den Blutdruck erhöht – denn die logische und physikalisch richtige Antwort, unter solchen ungünstigen Bedingungen eine ausreichende Versorgung aller Organe und Zellen zu gewährleisten, ist die Erhöhung des Blutdrucks. Wie man unschwer erkennen kann, ist dieses eigentlich sinnvolle Regulationssystem jedoch gleichzeitig der Beginn eines fatalen Teufelskreises: Steigender Blutdruck bedeutet wiederum erneute Schäden an den Gefäßen, der Blutdruck muss weiter gesteigert werden usw. Nährstoffe und Sauerstoff können oftmals nicht mehr zu den Zielorganen gelangen, so dass diese unterversorgt bleiben.

Währenddessen verändern sich die Arterien unaufhaltsam, da sie dem überschießend pulsierenden, lebensnotwendigen roten Saft standhalten müssen. Durch die Verengung der Arterien steigt der Widerstand in den Gefäßen, das Herz muss Schwerstarbeit vollbringen, um das Blut durch die schmalen Gefäße hindurchzupressen. Am Ende können die Arterien verstopfen oder platzen – mit oft tödlichen Folgen. Neben den Gefäßen wird auch das Herz geschädigt, bei hohem Blutdruck muss das Herz das Blut kräftiger in die Gefäße pumpen – Der Herzmuskel verdickt, versteift und vergrößert sich. Die Leistungsfähigkeit des Herzens nimmt ab, bei gleichzeitig steigender Belastung. Folgen können eine koronare Herzerkrankung (KHK) oder eine manifeste Herzschwäche (Herzinsuffizienz) sein.

Aber nicht nur das Herz, die Herzkranzgefäße und die Blutgefäße nehmen Schaden, auch das Gehirn, die Nieren und die Augen können Opfer eines langanhaltenden Bluthochdrucks werden. Am Ende der tödlichen Spirale des Bluthochdrucks stehen oft Herzinfarkt, Schlaganfall oder Nierenversagen.

Nach diesen ganzen Schreckensszenarien darf man aber getrost aufatmen, denn nun folgt die gute Nachricht: Jeder kann selbst eine ganze Menge tun, um seinen Blutdruck zu senken und so Schäden an Organen und lebensgefährliche Erkrankungen vorzubeugen. Nutzen Sie hierzu die Kraft der Selbstheilung Ihres Körpers. Bluthochdruck ist gerade im Frühstadium sehr gut mit natürlichen Mitteln und Maßnahmen behandelbar, so dass in sehr vielen Fällen ganz auf Medikamente verzichtet werden kann bzw. die Dosis der blutdrucksenkenden Medikamente drastisch gesenkt werden kann. Ein effektives Absenken des Blutdrucks kann Ihnen viele Lebensjahre sowie eine bessere Lebensqualität schenken.

Denn die im Folgenden vorgestellten Maßnahmen senken nicht nur den Blutdruck, sondern verbessern allgemein die Gesundheit und Vitalität.

Ursachen von Bluthochdruck

Primäre (essentielle Hypertonie)

Die primäre oder essentielle Hypertonie macht etwa 90 % aller Hochdruckformen aus. Die essentielle Hypertonie ist die Form des Bluthochdrucks, bei der keine Grunderkrankung als Ursache vorliegt. Deshalb war man lange Zeit geneigt zu glauben, – und ist es teilweise noch immer – dass diese Form des Bluthochdrucks unheilbar ist, man tat die Ursache des Bluthochdrucks als unbekannt ab. Und dementsprechend sah die herrschende Lehrmeinung auch eher die lebenslängliche Einnahme von Tabletten vor als eine Änderung des allgemeinen Lebensstils. Zumal es von ärztlicher Seite einfacher und unkomplizierter ist, dem Patienten schnell ein Rezept auszuhändigen, als sich mit dessen individuellem Lebenswandel auseinanderzusetzen und Vorschläge zur Verbesserung der Lebensweise anzuregen. Auch wenn immer noch nicht alle Einzelheiten bzgl. der Entstehung des Bluthochdrucks geklärt sind, so kennt man mittlerweile doch die Risikofaktoren, welche die Entwicklung einer essentiellen Hypertonie begünstigen:

So wird die Ursache u. a. einer Kombination aus genetischer Vorbelastung, falscher Ernährung, hoher Kochsalzzufuhr, Übergewicht, Bewegungsmangel und anhaltendendem Stress (insbesondere in Verbindung mit einer Hyperaktivität des Sympathikus und einer damit einhergehenden Überstimulation des vegetativen Nervensystems) zugesprochen.

Häufig bildet sich durch das gleichzeitige Vorliegen anderer ungünstiger Risikofaktoren wie der Erhöhung von Blutzucker-, Blutfett- und Harnsäurewerten eine unheilvolle Allianz, die wesentlich durch die Lebensgewohnheiten mitbestimmt wird – diese zusätzlichen Faktoren erhöhen weiter, gleichsam in einer Art Teufelskreis, das Risiko v. a. für Herz-Kreislauf-Erkrankungen.

Sekundäre Hypertonie

Unter der sekundären Hypertonie versteht man eine Hypertonie, die als Folge einer anderen Grunderkrankung auftritt. Die sekundäre Hypertonie stellt den kleineren Anteil der Blutdruckfälle bei Erwachsenen dar (ca. 10 %).

Erkrankungen, welche eine sekundäre Hypertonie auslösen können:

- **Erkrankungen der Niere (renale Hypertonie):** Nierenerkrankungen (z. B. Erkrankungen der Nierenarterien und des Nierengewebes, chronische Entzündungen der Nieren, Zystennieren) sind die häufigste Ursache für eine sekundäre Hypertonie. Erkrankungen der Niere führen oftmals zu einer abnehmenden Leistungsfähigkeit der Nieren sowie zu einer verminderten Fähigkeit zur Salzausscheidung, was wiederum eine krankhafte Erhöhung des Blutdrucks bedingen kann. Ein Teufelskreis entsteht, denn ein zu hoher Blutdruck schädigt wiederum die Nieren usw.
- **Erkrankungen der Nebennieren:** In den Nebennieren werden Hormone (z. B. Aldosteron, Cortisol) produziert, die den Blutdruck beeinflussen können. Bei einer erhöhten Produktion dieser Hormone (z. B. Hyperaldosteronismus, Hypercortisolismus) kann es zu einem erhöhten Blutdruck kommen.

- **Erkrankungen der Schilddrüse oder der Nebenschilddrüse:** Eine Überfunktion der Schilddrüse oder der Nebenschilddrüse (Hyperthyreose / Hyperthyreoidismus) kann zu Bluthochdruck führen. Jedoch kann auch eine Unterfunktion der Schilddrüse (Hypothyreose) aufgrund der Veränderung der Blutgefäße zu Bluthochdruck führen.
- **Schlafapnoe-Syndrom:** Hier kommt es insbesondere zu einer nächtlichen Blutdruckerhöhung.
- **Gefäßerkrankungen:** z. B. Aortenklappeninsuffizienz, Vaskulitis, Kollagenosen
- **Tumoren:** z. B. Hirntumoren
- **Psychiatrische Erkrankungen:** Angststörungen, Panikstörungen, soziale Phobie, Depressionen
- **Chronische Schmerzen:** Chronische Schmerzen stellen einen sehr großen Stress für den Körper dar. Die Tätigkeit des Sympathikus wird angeregt, die Herzfrequenz erhöht sich und infolgedessen auch der Bluthochdruck.

Temporäre Hypertonie

Temporäre (vorübergehende) Blutdruckerhöhungen werden bisweilen zur Form der sekundären Hypertonie gezählt, sie erfüllen jedoch im engeren Sinn die Definition nicht, da sie bei Ausschaltung der auslösenden Faktoren reversibel (umkehrbar) sind.

Zu den Ursachen der temporären Hypertonien gehören v. a. folgende Faktoren:

- **Medikamente:** Glucocorticoide, nichtsteroidale Antiphlogistika (entzündungshemmende und schmerzstillende Medikamente), bestimmte Arten von Antidepressiva (sogenannte SSRI, SNRI), Kontrazeptiva (sog. „Antibabypille"), vasokonstriktorisch (gefäßverengend) wirkende Nasentropfen / Nasensprays, Ephedrinderivate (Appetitzügler, auch in einigen Erkältungsmitteln enthalten), Methylphenidat, Immunsuppressiva (Ciclosporin, Tacrolimus), Modafinil, Erythropoetin
- **Genussmittel:** Alkohol, Nikotin, Lakritz
- **Drogen:** Kokain, Amphetamin, Ecstasy
- **Vergiftungen:** Kohlenmonoxid
- **Schwangerschaftsinduzierte** Hypertonie

Medikamente niemals eigenmächtig absetzen

Obwohl hoher Blutdruck zu den gefährlichsten Risikofaktoren für Herzinfarkt, Schlaganfall, Herzinsuffizienz und viele andere Herz-Kreislauf-Erkrankungen zählt sowie auch Schäden an weiteren Organen (z. B. Schäden an Gehirn, Nieren oder Augen) verursacht, werden verordnete blutdrucksenkende Medikamente oft nicht ordnungsgemäß oder überhaupt nicht eingenommen. Gründe hierfür sind sowohl ein geringer Leidensdruck aufgrund fehlender Beschwerden, als auch auftretende Nebenwirkungen bei der Einnahme von Medikamenten oder aber die Furcht vor Nebenwirkungen. Was die Nebenwirkungen der Medikamente betrifft, so klingen diese häufig nach einiger Zeit, meist nach mehreren Wochen, ab oder vermindern sich deutlich. Bei der Auswahl des passenden Medikaments müssen oftmals mehrere Medikamente ausprobiert werden. Immer wieder erlebe ich als praktizierende Apothekerin, dass Patienten durch diese gängige Praxis der Verordnung blutdrucksenkender Medikamente verunsichert werden. Häufig verlieren Patienten in diesen Fällen das Vertrauen in den Arzt oder in die verordneten Medikamente.

Wenn mehrere Medikamente bis zur Findung des optimalen Arzneimittels ausprobiert werden müssen, liegt dies nicht unbedingt an der mangelnden Kompetenz des Arztes. So wie jeder Mensch verschieden ist, ist nicht jedes Arzneimittel für jeden Patienten geeignet. Die bestmögliche Wirkung, beim Auftreten von möglichst wenigen Nebenwirkungen, muss jeweils individuell ermittelt werden. Bei der Verordnung von blutdrucksenkenden Medikamenten spielt auch das evtl. Vorkommen von zusätzlichen Krankheiten eine wichtige Rolle. So werden z. B. beim Vorliegen von Herzrhythmusstörungen, Wassereinlagerungen oder Herzschwäche jeweils bestimmte Gruppen blutdrucksenkender Medikamente verordnet.

Was den Blutdruck in die Höhe treibt

Viele Verdächtige stehen im Dunstkreis eines hohen Blutdrucks: Eine ungesunde Ernährungs- und Lebensweise führt letztlich immer dazu, dass der Körper sein natürliches Gleichgewicht verliert. Auf dem Boden dieses Ungleichgewichts können sich Bluthochdruck wie auch andere schwerwiegende Erkrankungen entwickeln.

Im Folgenden sind die einzelnen Faktoren aufgelistet, welche sich ungünstig auf unseren Blutdruck auswirken:

- **Genetische Komponente:** Bei einer erblichen Dispositon liegt eine Störung der Feinregulation des Blutdrucks vor. Kommen noch weitere Risikofaktoren wie Übergewicht, Stress und Bewegungsmangel dazu, kann sich ein hoher Blutdruck manifestieren. Man geht bei 35-50 % aller Hypertoniker von einer erblichen Veranlagung aus.
- **Hoher Kochsalzkonsum:** Eine übermäßige Aufnahme von Kochsalz (Natriumchlorid) mit der Nahrung führt dazu, dass der Körper verstärkt Wasser aufnimmt, wodurch das Blutvolumen erhöht wird. Bei steigendem Flüssigkeitsvolumen wird der Druck im Gefäßsystem erhöht.

- **Übergewicht:** Ein zu hohes Körpergewicht verändert die Kreislaufregulation und belastet dadurch die Gefäße. Bei Übergewicht vergrößert sich das gesamte Gefäßsystem des Körpers - das Herz muss eine höhere Pumpleistung erbringen, um sicherzustellen, dass alle Organe und Zellen ausreichend mit Blut versorgt werden. Zudem verlieren bei Übergewicht die Gefäße an Elastizität, zusätzlich werden bestimmte Botenstoffe freigesetzt, die den Blutdruck nochmals in die Höhe schnellen lassen. Man schätzt, dass ca. 60 % aller Übergewichtigen einen erhöhten Blutdruck aufweisen.
- **Stress:** Beim Auftreten von Stresssituationen reagiert der Körper mit einer verstärkten Ausschüttung bspw. der Hormone Adrenalin (Epinephrin) und Cortisol. Diese Hormone bewirken eine Erhöhung des Herzschlages und ein Zusammenziehen der Blutgefäße, wodurch der Blutdruck gesteigert wird. Dieser eigentlich sinnvolle Mechanismus wird dann zum Verhängnis, wenn der Mensch ständig Stessreizen ausgesetzt ist – in diesen Fällen steigt der Blutdruck permanent an.
- **Bewegungsmangel:** Mangel an Bewegung bedingt eine ungünstige Stoffwechsellage.
- **Störungen des Fettstoffwechsels:** z. B. erhöhte Cholesterin- und/oder Trigylceridwerte können zu Arteriosklerose und damit zu Bluthochdruck führen.

- **Arteriosklerose:** Bei einer Gefäßwandverkalkung (Arteriosklerose) werden die Blutgefäße verengt, versteift und im schlimmsten Fall verschlossen – das Blut muss in Folge mit erhöhtem Druck durch die Gefäße gepumpt werden. Ursache für die Arteriosklerose sind u. a. erhöhte Blutfette.
- **Kaliummangel:** Kalium ist der natürliche Gegenspieler des Natriums, insbesondere ein Ungleichgewicht der beiden Mineralstoffe (Aufnahme von zu viel Natrium bei gleichzeitiger Aufnahme von zu wenig Kalium) wirkt sich ungünstig auf den Blutdruck aus. Aus diesem Grund ist eine ausgeglichene Balance zwischen beiden Stoffen erforderlich. Kalium erhöht die Natriumausscheidung, es stabilisiert die Herzfunktion, aktivert den Herzmuskel und beugt so Herzrhythmusstörungen vor. Zusätzlich wirkt Kalium entspannend auf die Gefäße und senkt auf diese Weise den Blutdruck. Ein Kaliummangel tritt insbesondere bei der Einnahme bestimmter Medikamente, v. a. von Diuretika (Entwässerungsmittel), ACE - Hemmern (bestimmte Gruppe blutdrucksenkender Medikamente) sowie bei Erkrankungen wie bspw. Durchfall oder Verdauungsstörungen auf.

- **Diabetes mellitus Typ 2:** Ein zu hoher Blutzuckerspiegel kann Schäden an den Gefäßen hervorrufen, wodurch aufgrund der verstärkten Pumpleistung des Herzens der Blutdruck erhöht wird.
- **Hohes Lebensalter (Männer ≥ 55 Jahre, Frauen ≥ 65 Jahre):** Mit zunehmenden Lebensalter steigt üblicherweise der Blutdruck, da die Elastizität der Gefäße mit dem Alter abnimmt.
- **Metabolisches Syndrom:** Die wichtigsten Symptome des Metabolischen Syndroms sind Übergewicht, Bluthochdruck, Diabetes und ein entgleister Stoffwechsel. Liegen diese Symptome als Einheit vor, spricht man vom tödlichen Quartett. Liegen mindestens drei Risikofaktoren vor, spricht man vom Metabolischen Syndrom. Spezialisten betrachten die jeweiligen Merkmale heute nicht mehr als einzelne, isolierte Erkrankungen, sondern als Symptombündel eines komplexen Stoffwechselphänomens. Insbesondere Herz-Kreislauf-Erkrankungen, Nierenversagen und Schlaganfall sind Folgen des Metabolischen Syndroms.
- **Psychische Probleme:** Angst, Panikstörungen und Depressionen bewirken eine vermehrte Ausschüttung u. a. von Cortisol – Cortisol führt wiederum zur Erhöhung des Blutdrucks.

- **Ungünstige Ernährung:** Fettreiche Ernährung (v. a. tierische Fette), hoher Kochsalzkonsum, viel Zucker und eine erhöhte Kalorienzufuhr bei gleichzeitig geringem Verzehr von Gemüse und Obst kann zu erhöhtem Blutdruck führen.
- **Bestimmte Medikamente:** Siehe oben. In der Praxis spielen hier v. a. Kontrazeptiva (sog. „Antibabypille"), nichtsteroidale Antiphlogistika (Arzneimittel bei Schmerzen und Entzündungen) und bestimmte Arten von Antidepressiva (sogenannte SSRI, SNRI) eine große Rolle.
- **Erwerbstätigkeit:** Insbesondere Stress, Ärger, Überforderung, mangelnde Anerkennung durch den Arbeitgeber und Mobbing am Arbeitsplatz sowie Schichtdienst können langfristig zu Bluthochdruck führen.
- **Schlacken, Krankheitserreger (z. B. Bakterien, Viren), Umweltgifte, Drogen:** Durch diese Stoffe entsteht durch oxidativen Stress eine hohe Anzahl freier Radikale, welche die Gefäßwände schädigen.
- **Alkohol:** Bereits kleine Mengen Alkohol erhöhen den Blutdruck. Zum einen beschleunigt Alkohol die Herzfrequenz und das Herzzeitvolumen aufgrund der Aktivierung des Sympathikus, zum anderen erhöht Alkohol die Konzentration der Blutfette (Trigylceride). Auch durch seine hohe kalorische Belastung ist Alkohol häufig eine Mitursache für Übergewicht.

- **Rauchen:** Rauchen wirkt sich in mehrfacher Hinsicht negativ auf den Blutdruck aus. Einerseits aktiviert Rauchen den Sympathikus, wodurch die Herzfrequenz steigt und die Gefäße verengt werden. Zusätzlich verursacht Rauchen auch direkte Schäden an den Gefäßen. Rauchen wirkt sich zudem ungünstig auf die Blutfettwerte aus – die Konzentration des „guten" HDL-Cholesterols wird vermindert, während die Konzentration des „schlechten" LDL-Cholesterols ansteigt.
- **Wenig oder nicht erholsamer Schlaf:** Diese Umstände bedeuten Stress für den Körper, dieser reagiert mit der vermehrten Ausschüttung u. a. von Cortisol – Eine Erhöhung des Blutdrucks ist die Folge.
- **Übersäuerung:** Bei einer Übersäuerung des Organismus verlieren die Gefäßwände ihre ursprüngliche Elastizität und werden starr, unelastisch und porös, weshalb die Versorgung des Körpers mit Sauerstoff und wichtigen Nährstoffen nicht mehr gewährleistet werden kann. Die infolgedessen eintretende Erhöhung des Blutdrucks ist also der verzweifelte Versuch des körpereigenen Selbstregulationssystems, das Blut durch die unelastischen Gefäße zu transportieren, damit die Sauerstoff- und Nährstoffversorgung nicht zusammenbricht.

- **Wechseljahre:** Häufig kommt es bei Frauen mit Eintritt der Wechseljahre zu Bluthochdruck. Durch den Abfall der Östrogene (weibliche Hormone) in den Wechseljahren entfällt der schützende Effekt der natürlichen Hormone gegen Herz-Kreislauf-Erkrankungen.
- **Schlafapnoe-Syndrom**
- **Fehlende Sonne:** Der Blutdruck ist in den Wintermonaten um ca. 5 mm Hg höher als im Sommer.
- **Fehlstellungen der Wirbelsäule:** Eine Fehlstellung des C 1 (Atlas) kann zu erhöhtem Blutdruck führen.
- **Chronische Entzündungen:** Z. B. chronische Entzündungen der Mandeln, Entzündungen der Nasennebenhöhlen sowie Entzündungen durch Bauchfett.
- **Chronische Entzündungen** des Zahnfleischs, wurzelbehandelte Zähne
- **Narben**

Krankheit als Chance

Krankheit ist fast schon die logische und zwangsläufige Folge einer lang andauernden Kette von ungesunder Ernährung, zu viel Stress, Bewegungsmangel und fehlender Entspannung. Denn Gebrechen aller Art befallen uns nicht urplötzlich aus heiterem Himmel und gehören nicht automatisch zum Lebenslauf wie Geburt und Tod, sondern diese sind nur der Endpunkt eines jahre- oder jahrzehntelang anhaltenden Prozesses einer falschen Lebensweise. Zunächst befinden wir uns in einem schleichenden Vorstadium der allgemeinen Disharmonie, das sich über Jahre hinziehen kann und mit unklaren Beschwerden wie Müdigkeit und Konzentrationsschwäche einhergeht. Erkennen wir nicht die Warnfunktion solcher Symptome und strafen diese mit Missachtung, so münden diese Beschwerden irgendwann in ernsten Krankheiten. Die Leiden von heute sind also stets auch die Überschreitung der Naturgesetze von gestern. Krankheiten stellen immer auch leidvolle Versuche unseres Körpers dar, mit schwierigen Situationen fertig zu werden und uns zur Umkehr zu rufen.

Werden wir aber krank, reagieren wir zunächst hilflos und mit Ablehnung. Krankheit passt nicht in die heutige moderne Zeit, in der nur Jugend, Schönheit und Leistung zählen und als erstrebenswert gelten.

Wer krank ist, gerät schnell aufs Abstellgleis und fühlt sich oft genug selbst noch schuldig und als Versager im Spiel des Lebens. Statt in uns zu horchen, verleugnen wir daher die Krankheit, überdecken und maskieren diese mit einem Sammelsurium an Medikamenten oder überspielen sie mit noch mehr Aktivitäten. Dies ist jedoch völlig falsch und stellt keine angemessene Reaktion auf eine nicht sinnlos ins Leben getretene Erkrankung dar. Denn wird eine Krankheit nur unterdrückt, bricht sie bald schon wieder hervor, meist noch schwerer als zuvor. Was dann noch von uns übrig bleibt, ist nur noch ein Schatten von uns selbst und ein trauriger Abklatsch dessen, was wir einmal waren und sein könnten. Wenn die Krankheit uns also geißelt und plagt, sollten wir diese keineswegs abweisen, sondern sie gleichsam einem willkommenen Gast zu Tisch bitten und hören, was sie uns zu sagen hat. Mögen wir die Krankheit als einen Lehrmeister ansehen, der uns unser Leben vor Augen führt und Revue passieren lässt. Auf diese Weise können wir die Bedeutung und den Sinn des Leidens erkennen, und verstehen, dass es auch heilsam und „gesund" sein kann, zu erkranken - auch wenn dies zunächst ein Widerspruch zu sein scheint.

Denn erst durch Krankheit lernt man den Wert von Gesundheit zu schätzen und erwirbt ein Gefühl für dieses höchste Gut. Krankheiten wollen uns nicht beugen und grämen, sondern unseren Geist heben und erweitern. Leiden bedeutet auch Läuterung und Umkehr. Der Leidensdruck, der durch vielfältige Beschwerden erzeugt wird, ist für jeden einzelnen unterschiedlich groß - erst wenn die Bahnen unseres bisherigen Lebens verlassen werden, hat die Krankheit ihren Sinn und ihr Ziel erreicht. Krankheit muss keineswegs ein Endpunkt sein - sie sollte jedoch stets ein Wendepunkt in unserem Leben sein. Denn Krankheit ist gleichzeitig auch immer der Beginn der Heilung, und birgt die große Chance, neu zu beginnen. Dieser Aufbruch und Neubeginn kann mitunter schmerzhaft sein, bedeutet Heilung doch stets auch einen Loslösungsprozess und eine Befreiung von alten Lastern.

So müssen wir uns häuten wie eine Schlange - und die alte, verbrauchte Haut von gestern ohne Reue und ohne Trauern wie eine leere Hülle hinter uns lassen, um bereit zum Neubeginn zu sein.

Was ist Heilung?

Am Anfang der Heilung müssen stets die Einsicht und der Wille stehen, alte Pfade zu verlassen und das bisherige Leben zu ändern. Schon Hippokrates formulierte in der fernen Antike eine Weisheit, die so aussagekräftig ist und mehr denn je Gültigkeit besitzt: „Wenn du nicht bereit bist, dein Leben zu ändern, kann dir nicht geholfen werden." Würde heutzutage ein Arzt seinen Patienten dieses Postulat unterbreiten - vermutlich wäre sein Wartezimmer leer wie ein verlassenes Haus und die Patienten würden schreiend Reißaus nehmen. Denn schon das Wort Patient, das aus dem Lateinischen stammt, und geduldig und erleidend bedeutet, drückt die Passivität eines Zustands aus, in die der Erkrankte geraten ist. Dieser erduldet die Krankheit mit stoischer Ruhe, und wartet auf baldige Besserung seines Zustands. Er tritt an den Arzt heran, mit der Absicht, diesem die Verantwortung zu übertragen und diesen „machen" zu lassen. Der Arzt, er wird es schon richten, und die Fehler und Sünden der Vergangenheit - die Ursache der Krankheit - ausbügeln. Und der Arzt ist scheinbar willig, diesen Wunsch zu erfüllen, scheint dies doch zunächst die einfachste Möglichkeit und entspricht dies doch auch dem Wunsch des Patienten. Eilig zückt der Arzt den Rezeptblock und verschreibt Medikamente, die rasche Heilung versprechen. Jedoch ist der einfache, schnelle Weg noch nie der beste gewesen, und hat selten zum Ziel geführt.

Um zu den Sternen zu gelangen, muss der harte und steinige Weg erklommen werden. Und der liegt zunächst in der Selbsterkenntnis, dass man sein Schicksal selbst in die Hände nehmen muss. Der Arzt kennt uns nur flüchtig, unsere Vorgeschichte und unsere Lebensweise sind ihm kaum vertraut. Wir selbst aber wissen um unsere Vergangenheit - wer wir waren, wer wir sind und wer wir sein wollen. Mögen wir also den Arzt in uns selbst wecken. Starke und unbändige Heilkräfte stecken in jedem von uns, wir müssen nur bereit sein, diese zu erkennen, zu wecken und unseren Weg sowie die bisher eingeschlagene Richtung zu ändern. Gewillt müssen wir sein, uns von alten Gewohnheiten, die auf uns lasten wie eine zweite Haut, oder wie ein Kostüm, das uns zu eng geworden ist, zu trennen. Wir müssen uns wieder vergegenwärtigen, dass wir uns selbst Aufgabe, Pflicht und Verantwortung sind. Uns und unseren Körper sollen wir pflegen und hegen wie eine zarte Pflanze, damit diese blüht und gedeiht und uns Freude bereitet - und nicht traurig und vergessen in einer dunklen Ecke ihr Dasein fristet und vor lauter Kummer die Blätter hängen lässt und unbemerkt verwelkt. Ziel ist die Heilung auf allen Ebenen, Harmonie mit uns selbst sowie einen Zustand des körperlichen und seelischen Wohlbefindens.

Denn Gesundheit ist mehr als das Fehlen von Krankheit und Leiden, sondern auch das Vorhandensein von Lebensfreude und Ausgeglichenheit. Gesundheit bedeutet Einklang und eins sein mit sich und der Welt - ein Leben in Balance und im Gleichgewicht. Ein Zustand der Freude und der Unbekümmertheit, der Schwerelosigkeit und des Freiseins von Ängsten und Kümmernissen - dies ist keine Utopie, sondern unser eigentlicher Idealzustand. Heilung ist immer ganzheitlich und auf den gesamten Menschen gerichtet, Ziel ist eine Einheit von Körper, Geist und Seele. Nicht nur unser Körper, sondern auch unsere Seele und unser Geist schreien nach Heilung. Unser Geist will gefordert und gefördert werden und nicht durch tägliches Schauen in die Mattscheibe und stundenlanges Surfen im Internet gelangweilt, abgestumpft und in einen Zustand der Passivität versetzt werden.

Unsere Seele verlangt nach Frieden mit uns und unseren Mitmenschen. Neid, Hass und Zwietracht sind dagegen Gift für unser seelisches Wohlbefinden. Es gibt allerdings keinen Königsweg zur Heilung, die Wege sind verschieden und vielfältig, so wie jeder Mensch ein einzigartiges Individuum ist. Lassen Sie uns die vielfältigen Wege zur Heilung in den folgenden Kapiteln näher betrachten.

Hinweis

Bezüglich der im Folgenden gemachten Ausführungen darf der Leser darauf vertrauen, dass die Autorin große Sorgfalt darauf verwendet hat, dass die Angaben in diesem Buch dem neuesten Stand der Wissenschaft entsprechen. Die Erkenntnisse in der Medizin und Pharmazie sind jedoch niemals statisch, sondern unterliegen einem fortlaufenden Entwicklungsprozess. Alle Angaben können von daher immer nur dem aktuellen Wissensstand zum Zeitpunkt des Erscheinens des Buchs entsprechen. Deshalb kann die Autorin für die gemachten Angaben keinerlei Verantwortung und Gewähr übernehmen. Die Durchführung der in diesem Buch beschriebenen Therapien und Anwendungen erfolgt auf eigene Gefahr und auf eigene Verantwortung des Benutzers. Die Autorin übernimmt keine Haftung für Personen-, Sach- und Vermögensschäden aufgrund der Durchführung der hier erwähnten Anwendungen.

Auch betreffend der in diesem Buch angegebenen Dosierungen und Mengenangaben darf der Leser darauf vertrauen, dass die Autorin große Sorgfalt darauf verwendet hat, dass diese Angaben dem neuesten Stand der Wissenschaft entsprechen. Nichtsdestotrotz kann die Autorin für Angaben zu Dosierungen keine Gewähr übernehmen. Jede Dosierung erfolgt auf eigene Gefahr des Benutzers. Auch betreffend die genannten Arzneimittel darf der Leser darauf vertrauen, dass die Autorin große Sorgfalt darauf verwendet hat und die diesbezüglichen Angaben dem neuesten Stand der Wissenschaft entsprechen. Die Autorin hat im Übrigen keine Beziehung zu den Herstellern der genannten Arzneimittel und erzielt keinerlei finanziellen Vorteil aufgrund der Erwähnung bestimmter Arzneimittel.

Ich hoffe, Ihnen mit diesem notwendigen Hinweis nicht den Spaß und die Freude an diesem Buch verdorben zu haben.

Den Blutdruck auf natürliche Weise senken

Wie Sie in den vorangehenden Kapiteln gelesen haben, kann durch eine ungünstige Lebensweise – sei es durch falsche Ernährung, zu viel Alkohol, zu wenig Bewegung, zu viel Stress, durch die Einnahme bestimmter Medikamente usw. – Bluthochdruck in unterschiedlicher Ausprägung entstehen. Da an der Blutdruckregulierung viele komplexe Vorgänge im Köper beteiligt sind, sind auch die Gründe der Entstehung von Bluthochdruck vielfältig und multifaktoriell. Neben einer familiären Vorbelastung liegt meist eine Kombination von körperlichen und psychischen Ursachen vor, welche den Blutdruck in die Höhe treiben. Auch wenn ein erhöhter Blutdruck zumindest am Anfang zumeist keine Beschwerden verursacht, ist es gerade bei Bluthochdruck wichtig, frühzeitig zu intervenieren, um langfristige, nicht mehr reversible Schäden am Herzen und an den Gefäßen zu vermeiden. Denn hat sich eine evtl. schon lange bestehende Hypertonie erst einmal manifestiert, ist es schwierig, das Ruder noch zu drehen. Die Schulmedizin kennt zwar die Risiken des Bluthochdrucks, will diesen aber meist nicht heilen. Die oft herrschende Lehrmeinung sieht eher die lebenslängliche Einnahme von Tabletten als einzige Möglichkeit, hohen Blutdruck zu senken.

Es ist aber vielmehr nötig, das Übel direkt an der Wurzel zu packen und den Blutdruck von Grund auf zu sanieren. Gesund und naturgemäß zu leben, ist also die universelle Arznei, die gerade bei Bluthochdruck gefragt ist. Man kann es auch mit Hippokrates formulieren: „Die wirksamste Medizin ist die natürliche Heilkraft, die im Inneren eines jeden von uns liegt." Lassen Sie uns also diese Heilkraft, die in uns steckt, wecken. Deswegen ist wichtig, dass wir beizeiten achtsamer mit uns umgehen – will heißen, dass wir unnötigen Stress vermeiden, Entspannungstechniken erlernen, uns mehr bewegen und uns gesünder ernähren. Da Bluthochdruck viele Ursachen hat, die sich teilweise auch gegenseitig bedingen und verstärken, ist es wichtig, an jedem einzelnen kleinen, aber wichtigen Rädchen im „Getriebe" Blutdruck zu drehen. Schon kleine Veränderungen in den verschiedenen Bereichen des Lebens – Abbau von Stress, Ernährung, Bewegung usw. – können sehr viel verändern und viel Gutes bewirken. Denn für kaum eine andere Erkrankung ist es so überzeugend nachgewiesen wie für den Bluthochdruck, dass ein gesunder Lebensstil effektiv nicht nur dem Fortschreiten dieser Erkrankung Paroli bieten kann, sondern diese sogar heilen kann.

Eine Senkung des Blutdrucks wirkt sich hierbei nicht nur positiv auf Herz und Gefäße aus, sondern kann in sehr vielen Fällen wahre Wunder vollbringen – denn eine Senkung des Blutdrucks ist ein sehr wirksames Verfahren zur Verbesserung der allgemeinen Gesundheit. Glücklicherweise haben wir das Schicksal unseres Blutdrucks – zumindest zu einem großen Teil – selbst in der Hand und wir können sehr viel tun, um einen erhöhten Blutdruck in die Schranken zu verweisen. Am wirksamsten ist es, verschiedene Maßnahmen in Kombination durchzuführen und gleichzeitig allen Belastungen für den Blutdruck möglichst aus dem Weg zu gehen. Auf diese Weise kann man sich den größtmöglichen Erfolg sichern und in optimaler Weise von natürlichen blutdrucksenkenden Maßnahmen profitieren.

Lassen Sie uns nun im Folgenden bewährte Therapien näher kennenlernen, mit denen wir den Blutdruck auf sanfte, natürliche und nachhaltige Weise senken können.

Schüßler-Salze zum Senken des Blutdrucks

Schüßler-Salze sind empfehlenswert zum Senken eines erhöhten Blutdrucks, da diese sanft und ohne Nebenwirkungen wirken. Schüßler-Salze sind Mineralsalze in homöopathischer Dosierung. Die Therapie geht auf den homöopathischen Arzt Dr. med. Wilhelm Heinrich Schüßler (1821-1898) zurück. Schüßler ging davon aus, dass sämtliche Krankheiten durch Störungen des Mineralstoffhaushalts in den Körperzellen entstehen und entsprechend durch die Gabe homöopathischer Dosen der Mineralsalze geheilt werden können. Schüßler führte zudem die sogenannte Antlitzdiagnose durch – wonach verschiedene fehlende Mineralstoffe an bestimmten Merkmalen im Gesicht erkennbar sind. Schüßler-Salze sind nicht mit einer Substitution von Mineralstoffen in hoher Dosierung vergleichbar – Schüßler-Salze sind vielmehr entwickelt, um den Mineralstoffhaushalt der Zellen zu regulieren und so die Selbstheilungskräfte des Körpers zu aktivieren. Die speziell aufbereiteten Salze können direkt von den Zellen aufgenommen werden und dort die chemischen Abläufe normalisieren. Auf diese Weise wird das natürliche Gleichgewicht der Zellen wieder hergestellt, die Ursache der Erkrankung wird beseitigt. Schüßler-Salze erfreuen sich immer größerer Beliebtheit, da sie wirksam, fast frei von Nebenwirkungen und zudem preiswert sind.

Die Zahl der Anhänger der Schüßler-Salze wächst daher kontinuierlich und immer mehr Leute setzen auf die bewährte Therapie. Schüßler-Salze werden als potenzierte Mittel in Tablettenform angewendet, die Tabletten lässt man langsam im Mund zergehen. Je länger das Mineralsalz Kontakt mit der Mundhöhle hat, desto intensiver ist die Wirkung. Schüßler-Salze gibt es in verschiedenen Potenzen, wobei D 6 als die Regelpotenz gilt. Es gibt 12 Schüßler-Funktionsmittel und weitere 15 Ergänzungsmittel. Schüßler-Salze können direkt von den Zellen des Körpers aufgenommen werden, da sie nicht den Verdauungstrakt passieren müssen. So kann sich die Wirkung auf subtile, aber effektive Weise in jeder Zelle entfalten. Was die Dosierung der Salze betrifft, gibt es unterschiedliche Meinungen. Manche Homöopathen empfehlen die hochdosierte Anwendung – gerade zu Beginn der Behandlung. Ich empfehle allerdings eher die Standarddosierung von 3 x tgl. 1 Tablette (Ausnahme: die Heißen 7). Die Schüßler-Tabletten können direkt eingenommen werden oder aber zuvor in heißem Wasser aufgelöst werden. In diesem Fall trinkt man das heiße Wasser mit den aufgelösten Tabletten schlückchenweise, vor dem Schlucken belässt man die Flüssigkeit noch für einige Zeit in der Mundhöhle. Löst man die Tabletten in Wasser auf, so verwende man einen Plastik- oder Holzlöffel, niemals einen Metalllöffel. Auch über die Anzahl der Schüßler-Salze, die man gleichzeitig einnehmen kann, herrscht Uneinigkeit.

Manche Homöopathen empfehlen, nur ein Schüßler-Salz zu nehmen, manche sehen dagegen überhaupt kein Limit bei der Anwendung von Schüßler-Salzen. Ich spreche die Empfehlung aus, nicht mehr als drei Schüßler-Salze gleichzeitig anzuwenden.

Um nun zu unserem Thema Bluthochdruck zu kommen: Es gibt mehrere Schüßler-Salze, die bei Bluthochdruck erfolgreich angewendet werden können. Das wichtigste Salz bei stressbedingtem Bluthochdruck ist **Magnesium phosphoricum D 6 (Schüßler-Salz Nr. 7)**, da es zur Entlastung der Nerven und infolgedessen zur Erweiterung der Blutgefäße führt.

Schüßler-Salz Nr. 5 (Kalium phosphoricum D 6) unterstützt die Herz- und Muskelfunktion, es ist auch hilfreich bei starkem Stress und Überlastung. **Natriumsulfat D 6 (Schüßler-Salz Nr. 10)** reguliert als Ausscheidungsmittel den Wassertransport sowie die Ausscheidung von Wasser und ist daher indirekt an der Regulation des Blutdrucks beteiligt. **Schüßler-Salz Nr. 1 (Calcium fluoratum D 12)** gilt als allgemeines Stabilisierungsmittel, es hält Gewebe und Blutgefäße elastisch – und sorgt auf diese Weise für einen ausgeglichenen Blutdruck. An dieser Stelle sei jedoch angemerkt, dass die Behandlung des Bluthochdrucks mit Schüßler-Salzen nur als ergänzende Therapie zusammen mit anderen Maßnahmen erfolgen darf.

Von einer alleinigen Therapie des Bluthochdrucks mit Schüßler-Salzen muss sogar abgeraten werden.

Schüßler-Salz Nr. 7: Magnesium phosphoricum D 6

(Magnesiumphosphat)

Schüßler-Salz Nummer 7 ist eines der wichtigsten Schüßler-Salze überhaupt, da es an fast allen Stoffwechselvorgängen beteiligt ist. Magnesiumphosphat ist insbesondere auch bei stressbedingtem Bluthochdruck indiziert, da es die Blutgefäße entspannt und die Erregbarkeit der Nervenzellen dämpft. Schüßler Salz Nr. 7 hat sich auch bei Erschöpfungszuständen mit Unruhe bewährt. Das sogenannte Salz der Lebensenergie stärkt die Nerven und entlastet den gesamten Stoffwechsel, so dass sich dieser wieder regenerieren kann. Unruhe, Abgespanntheit und Stresssymptome wie Herzklopfen und Schlafstörungen werden beseitigt. Bei Bluthochdruck entspannen sich die Gefäßwände, so dass sich die Gefäße weiten können und infolgedessen der Blutdruck sinkt. Als Anwendungsform empfiehlt sich bei Bluthochdruck die Zubereitung der sogenannten Heißen 7. Hierzu werden zehn Tabletten Magnesium phosphoricum D 6 in heißem Wasser aufgelöst und schluckweise getrunken. Für eine zusätzliche Wirkung kann man abends die Füße mit der Salbe Nr. 7 einreiben.

Schüßler-Salz Nr. 5: Kalium phosphoricum D 6

(Kaliumphosphat)

Kalium phoshoricum unterstützt die Herz- und Muskelfunktion. Kalium phosphoricum ist das wichtigste Mineral für Nerven, Psyche und Gehirn. Es wirkt gegen alle Formen der Erschöpfung, unabhängig davon, welche Ursache diese hat. Kalium phosphoricum versorgt alle Körperzellen mit Energie, indem es die Sauerstoffaufnahme der Zellen anregt. Auf diese Weise werden neue Kraftreserven aufgebaut, der Organismus wird wieder vital und munter. Kalium phosphoricum hilft bei starkem Stress und hoher Arbeitsbelastung. Erschöpfung, Nervosität, Schlafstörungen und Ermüdungserscheinungen werden gemindert oder beseitigt. Auch depressive Verstimmungen, Überreizung und Angst werden nachhaltig gebessert.

Schüßler-Salz Nr. 10: Natrium sulfuricum D 6

(Natriumsulfat)

Natriumsulfat ist für die Regulierung des Wasserhaushalts zuständig, überschüssige Wasseransammlungen werden aus dem Körper geschleust. Natriumsulfat wird auch das Salz der „inneren Reinigung" genannt. Es wirkt direkt auf die Ausscheidungs- und Entgiftungsorgane, Giftstoffe und Schlacken werden vermehrt ausgeschieden. Natriumsulfat aktiviert weiter den gesamten Stoffwechsel, was sich wiederum normalisierend auf den Blutdruck auswirkt. Der Gallenfluss wird angeregt, somit wird die Aufspaltung und Verdauung von Fetten beschleunigt und aktiviert.

Natriumsulfat wird morgens eingenommen.

Schüßler-Salz Nr. 1: Calcium fluoratum D 12

(Calciumfluorat)

Dieses Salz gilt als allgemeines Stabilisierungsmittel, es hält Gewebe und Blutgefäße elastisch. Das Salz beugt auch einer Verhärtung und Verkalkung der Herzklappen vor. Calciumfluorat ist ein wichtiges Mittel zur Prävention von Bluthochdruck, erweist aber auch gute Dienste bei akuter Hypertonie.

Calciumfluorat wird abends eingenommen.

Mein Tipp: Wenden Sie drei der genannten Schüßler-Salze im Rahmen einer sogenannten Blutdruckkur an. Durch die kombinierte Anwendung der drei Salze wird das Herz gestärkt sowie die Gefäße geputzt und elastisch gehalten. Auf diese Weise kann der Blutdruck nachhaltig sinken. Die Schüßler-Salze Nr. 5 und Nr. 7 schützen den Körper vor den Auswirkungen von negativem Stress – das überaktive Nervensystem wird beruhigt, die Konzentration der Stresshormone fällt, infolgedessen entspannen sich die Gefäße und der Blutdruck sinkt. Während der Kur empfiehlt sich – um die Wirkung der Anwendung noch zu steigern – moderate Bewegung (z. B. Spazierengehen), auf diese Weise werden alle Organe gründlich durchblutet und die Wirkung der Schüßler-Salze kann sich optimal entfalten. Trinken Sie während der Kur mindestens zwei Liter stilles Wasser pro Tag. Eine vier- bis sechswöchige Durchführung der Kur ist ratsam.

Homöopathische Mittel bei Bluthochdruck

Der Wunsch nach natürlichen und möglichst nebenwirkungsarmen Behandlungsmöglichkeiten führt immer mehr Menschen zur Homöopathie. Die Homöopathie wurde von dem deutschen Arzt Samuel Hahnemann (1755-1843) begründet, seine Thesen sind in seinem Werk *Organon der Heilkunst* (1. Auflage 1810) festgehalten. Bereits die 1. Auflage enthält alle wesentlichen Theorien der Homöopathie, das Werk wurde später aber noch erheblich umgearbeitet und ergänzt. Im Gegensatz zur Allopathie – wo meist die Symptome einer Krankheit und nur selten die Ursachen behandelt werden – werden bei der Homöopathie die Selbstheilungskräfte des Körpers aktiviert. Weiter soll in der Homöopathie „Ähnliches durch Ähnliches geheilt werden." (lat. „Similia similibus curentur"). Das bedeutet, dass ein Reiz gesetzt wird, der ähnlich den zu behandelnden Beschwerden wirkt – auf diese Weise werden die Selbstheilungskräfte des Körpers in Gang gesetzt. Dies kann man so verstehen: Berührt man etwa Brennnesselblätter, so bilden sich schmerzhafte Blasen auf der Haut. Aus diesem Grund kann die Brennnessel (lat. Urtica urens) in der Homöopathie bspw. bei Verbrennungen und Sonnenbrand angewendet werden. Ein weiteres Beispiel ist die Küchenzwiebel (lat. Allium cepa). Jede Hausfrau weiß, dass Zwiebelschneiden kein leichtes Unterfangen ist – tränen dabei doch die Augen und fließt die Nase ohne Unterlass.

Diese Tatsache hat sich die Homöopathie zunutze gemacht: Hier wird die Küchenzwiebel in potenzierter Form bei Fließschnupfen, verbunden mit tränenden Augen, angewendet. Lassen Sie mich ein letztes Beispiel nennen: Wer coffeinhaltige Getränke (Kaffee, schwarzen Tee, Cappuccino usw.) als Schlummertrunk zu sich nimmt, braucht sich freilich nicht über Schlaflosigkeit, Unruhe oder gar Herzklopfen zu wundern. Nimmt man dagegen Coffea (Coffein) in homöopathischer Form am Abend zu sich, so wirkt dieses Mittel bestens bei Schlaflosigkeit, weiter bei unruhigem Schlaf und Aufgedrehtsein.

Wie man sieht, gründet sich die Homöopathie also auf dem Grundsatz, dass ein Wirkstoff, der in seiner Reinform bei einem gesunden Menschen bestimmte (Krankheits-)Symptome oder gar Vergiftungserscheinungen hervorruft, bei einem Kranken mit eben diesen Symptomen hilft, durch Aktivierung der Selbstheilungskräfte wieder gesund zu werden. Nach der Gesundung sind auch die Symptome wie Schnupfen usw. kuriert. Zu beachten ist, dass bei Anwendung der Hochpotenzen ab D 30, sowie der C-Potenzen und der LM- oder Q-Potenzen, aufgrund der stärkeren Wirkung ein kompetenter Heilpraktiker/homöopathisch arbeitender Arzt zu Rate gezogen werden sollte. Denn je höher die Potenz ist, umso stärker wirkt das Mittel, da die Energie potenziert wird. Der Körper interagiert mit der auf ihn einwirkenden Energie, auf diese Weise wird die Heilung in Gang gesetzt. Eine Selbstbehandlung ist dagegen bei den Potenzen D 3 bis D 12 vorgesehen.

Generell gilt für homöopathische Mittel, dass es am Anfang der Therapie nach einigen Tagen zu einer sogenannten Erstverschlimmerung kommen kann, was aber als Zeichen dafür gewertet werden kann, dass das richtige homöopathische Mittel gewählt wurde.
Die Erstverschlimmerung muss aber nicht immer auftreten, diese tritt vor allem bei langwierigen und chronischen Krankheiten auf. Weiter ist zu beachten, dass bei Anwendung von Homöopathika vom Arzt verordnete schulmedizinische Medikamente keinesfalls abgesetzt werden dürfen oder durch Homöopathika ersetzt werden dürfen. Jedoch können fast alle Homöopathika mit schulmedizinischen Arzneimitteln kombiniert werden, Wechselwirkungen sind hierbei im Regelfall nicht zu befürchten – im Gegenteil, eine Kombination von schulmedizinischen Arzneimitteln und Homöopathika kann oftmals sehr sinnvoll sein. Zeigt sich bei der Behandlung mit einem homöopathischen Mittel nach 14 Tagen keine Besserung, so ist auf ein anderes homöopathisches Mittel umzustellen. Die Behandlung erfolgt so lange, bis die Beschwerden verschwunden sind. Therapiert man über den Zeitpunkt der Heilung hinaus, kehren die Beschwerden oftmals wieder zurück. Homöopathika sollen stets unabhängig von einer Mahlzeit, also eine halbe Stunde vor dem Essen oder zwei Stunden nach dem Essen, eingenommen werden.

Während der Anwendung von Homöopathika sollte auf pfefferminzhaltige bzw. mentholhaltige Zahnpasten verzichtet werden – es gibt spezielle mentholfreie Zahnpasten für homöopathische Zwecke, welchen hier der Verzug gegeben werden sollte. Auch sollte man bei Einnahme von homöopathischen Mitteln vom Konsum von Pfefferminzbonbons, Pfefferminztee, Lakritz und Kaugummis (Ausnahme: spezielle homöopathieverträgliche Kaugummis ohne Menthol oder Pfefferminzöl) absehen. Weiter sollte auf scharfe Gewürze, Knoblauch, Alkohol, Nikotin und Cola verzichtet werden. Ist dies nicht möglich, sollte zwischen der Anwendung von Homöopathika und dem Gebrauch der genannten Nahrungs-/Genussmittel ein großzügiger zeitlicher Abstand (ca. zwei Stunden) eingehalten werden. Letztlich sollte man bei der Anwendung von homöopathischen Mitteln auch auf den Genuss von Kräuterlikören und –schnäpsen sowie von chininhaltigen Getränken (z. B. Schweppes) verzichten. Globuli oder Tabletten sollten niemals mit einem Metalllöffel (Wechselwirkungen mit dem Metall sind möglich), sondern immer mit einem Plastik- oder Holzlöffel eingenommen werden. Globuli, Tabletten und Dilutionen sind stets an einem trockenen, kühlen Ort aufzubewahren – niemals jedoch im Kühlschrank oder in der Nähe von elektrischen Geräten.

Globuli sollte man zur besseren Resorption (Aufnahme) langsam im Mund zergehen lassen, das gleiche gilt für Tabletten. Tabletten kann man auch in die Wangentasche legen oder alternativ in warmem Wasser auflösen und dann in kleinen Schlucken trinken. Vor dem Schlucken sollte die Flüssigkeit eine Zeit lang im Mund belassen werden.

Im Folgenden werden verschiedene Homöopathika zur Behandlung bei Bluthochdruck beschrieben. Die Behandlung erfolgt entsprechend den vorliegenden Symptomen. Anzumerken ist jedoch, dass eine alleinige Behandlung mit Homöopathika bei Bluthochdruck ungeeignet, ja sogar obsolet ist. Dies liegt u. a. auch darin begründet, dass meist mehrere Faktoren bei der Entstehung des Bluthochdrucks mitspielen – somit muss die Bekämpfung des Bluthochdrucks auch an mehreren Fronten stattfinden. Insbesondere im Zusammenhang mit Bluthochdruck auftretende Komplikationen und Begleiterscheinungen (z. B. eine hohe Herzfrequenz) lassen sich jedoch gut mit homöopathischen Arzneimitteln behandeln.

Aconitum

Aconitum napellus (Blauer Eisenhut) gehört zur Familie der Hahnenfuss-Gewächse (lat. Ranunculaceae). Die Bezeichnung Eisenhut rührt von der helmartigen Blütenform her. Die ausdauernde, krautige Pflanze wächst bevorzugt an Gebirgshängen in 1000-3000 Metern Höhe. Die Wildform ist außerdem an Bachufern, an feuchten Wiesen sowie an lichten Stellen von Auwäldern anzutreffen. Der Blaue Eisenhut bevorzugt feuchte und kühle Lehm- oder Tonböden. Die in Mittel- und Südeuropa heimische Pflanze ist mittlerweile selten geworden und steht unter Naturschutz.

Aconitum napellus ist die giftigste Pflanze Europas, alle Teile der Pflanze sind giftig, insbesondere jedoch die Wurzeln und Samen. Früher diente Eisenhut wegen seiner Giftigkeit als Pfeil- und Mordgift. Homöopathisch aufbereitet, ist Eisenhut heutzutage jedoch ein sehr wertvolles Arzneimittel.

Aconitum napellus ist in der Potenz C 1 sowie von D 1 bis D 3 verschreibungspflichtig, ab D 4 bzw. C 2 und LM 1/Q 1 ist das Arzneimittel apothekenpflichtig, kann jedoch ohne Rezept erworben werden.

Aconitum wird v. a. bei akuten, plötzlichen und heftigen Beschwerden eingesetzt. Einsatzgebiete sind Erkrankungen des Nervensystems, des Herz-Kreislauf-Systems, der Psyche sowie entzündlich-fieberhafte Prozesse im Anfangsstadium. Bei Hypertonikern bewährt sich Eisenhut v. a. durch seine beruhigende Wirkung bei Herzklopfen und Herzrasen. Ein harter und schneller Puls wird gesenkt. Sehr häufig wird Eisenhut auch bei akuten grippalen Infekten mit Halsentzündung, Husten und Fieber eingesetzt. Weitere Einsatzgebiete sind (große) Angst und Panik, Schlafstörungen, weiter Neuralgien, Verstauchungen und Verrenkungen.

Symptome, die für die Einnahme von Eisenhut sprechen: Ruhelose und nervöse Menschen, Suche nach Trost. Große (Todes-)Angst. Ausgeprägter Durst auf kalte Getränke. Stark erregte und erschütterte Menschen mit beschleunigter Herztätigkeit. Plötzlicher Blutdruckanstieg nach Aufregung oder nach einem Schreck. Herzklopfen, das oft von Kopfschmerzen und Schwindelgefühlen begleitet wird.

Aurum

Das kostbare Edelmetall Gold (**Aurum metallicum**) wird nicht nur zur Herstellung von Schmuck genutzt, sondern auch häufig in der Homöopathie eingesetzt. Chemisch gesehen besitzt Gold eine hohe Beständigkeit gegen Säuren und Basen - nur Königswasser, ein Gemisch aus konzentrierter Salz- und Salpetersäure, kann Gold auflösen. Aurum wird bei Herzbeschwerden jeder Art eingesetzt, so bspw. bei Bluthochdruck, bei nervösen Herzbeschwerden und Herzrhythmusstörungen. Selbst bei Angina pectoris, Atemnot und Schmerzen hinter dem Brustbein hat sich Aurum bewährt. Auch bei Übergewicht in Kombination mit Bluthochdruck wird Gold angewendet, da Aurum den Stoffwechsel aktiviert. Weiter wird Aurum erfolgreich bei Arteriosklerose und Durchblutungsstörungen eingesetzt. Ein großes Einsatzgebiet von Aurum sind auch psychische Beschwerden, wie Depressionen (auch verbunden mit Suizidneigung), Angstzustände, Aggressionen, Grübeleien, innere Leere und Schlafstörungen. Auch Kopfschmerzen, selbst starke und hämmernde Kopfschmerzen, werden durch Aurum bekämpft.

Bei Bluthochdruck und Herzbeschwerden empfiehlt sich zusätzlich zur innerlichen Einnahme von Aurum das Einreiben mit Goldsalbe von Wala (oder Weleda). Die Salbe wird in die Herzgegend eingerieben, zusätzlich kann die Salbe in den linken Unter- und Oberarm sowie in die Handfläche einmassiert werden. Die Wirkung wird als wohltuend, beruhigend und öffnend empfunden.

Symptome, die für die Einnahme von Aurum sprechen: Menschen, die hohe Ansprüche an sich stellen, denen sie aber oft nicht gewachsen sind. Angst, zu versagen. Pflichtbewusste, fleißige, zielstrebige Menschen. Cholerische, ehrliche, aggressive Menschen. Hoher Blutdruck, mit gerötetem Gesicht. Neigung zu Existenzangst, Pessimismus, Schwermut, Grübeleien, Verschlossenheit, Verzweiflung, Suizidgedanken. Gefühl der Enttäuschung, Wertlosigkeit und inneren Leere. Oft untersetzte Menschen.

Arnica

Arnika (lat. Arnica montana) gehört zur Familie der Korbblütler (lat. Asteraceae). Die Pflanze ist in Europa bis nach Russland heimisch. Arnika wächst vorwiegend auf Gebirgswiesen, jedoch auch dort bekommt man die selten gewordene Pflanze kaum noch zu Gesicht. Für die Gewinnung der Arnikablüten wird die Pflanze vorwiegend angebaut. Die Arnikapflanze steht in vielen Ländern, so auch in Deutschland, unter Naturschutz. Arzneilich werden die Blüten (ohne die Deckblätter) der Arnika verwendet, Blütezeit ist Juni bis Juli, die Sammelzeit der Blüten reicht von Juni bis Juli. Arnika wirkt schmerzlindernd, entzündungshemmend (die Bildung entzündungsauslösender Stoffe wird unterdrückt), resorptionsfördernd und antiseptisch. Für die Wirkung ist das Sesquiterpenlacton Helenanin verantwortlich. Äußerlich wird Arnika angewendet bei Verletzungs- und Unfallfolgen, z. B. bei Hämatomen (Blutergüssen), Distorsionen (Verstauchungen), Prellungen, Quetschungen und Schwellungen. Ferner wird Arnika eingesetzt bei rheumatischen Muskel- und Gelenkbeschwerden, bei Furunkeln (Entzündung eines Haarbalgs und des umliegenden Gewebes) und bei Oberflächenphlebitis (Venenentzündung).

Eine innerliche Anwendung von Arnika muss wegen der toxischen Wirkung der Sesquiterpenlactone abgelehnt werden, da es bei zu hoher Dosierung zum Tod durch Herzstillstand kommen kann.

Deshalb darf Arnika innerlich nur in homöopathischer Aufbereitung eingenommen werden. In der Homöopathie wird Arnika gerne bei Verletzungen, insbesondere zur Erstversorgung, verwendet. Vor allem bei Prellungen, Blutergüssen, Verbrennungen sowie nach Operationen und Zahnextraktionen kommt Arnika zum Einsatz. Arnika wirkt weiter kreislaufregulierend, außerdem erweitert es die Blutgefäße, wodurch hoher Blutdruck in Schach gehalten wird. Weiter wird Arnika auch bei anderen Herz- und Kreislauferkrankungen wie Angina pectoris (Herzenge), Herzinsuffizienz (Herzschwäche) sowie bei schlechter Durchblutung des Herzens eingesetzt. Auch bei Arteriosklerose zeigt Arnika gute Erfolge. Arnika kommt ebenfalls bei Ermüdung und Überanstrengung zur Anwendung.

Symptome, die für die Einnahme von Arnika sprechen: Ängstliche und oft überempfindliche Personen. Ablehnung von Hilfe, die Beschwerden werden heruntergespielt. Angst vor Berührung und Nähe, will alleine gelassen werden. Sehnt sich nach frischer Luft. Häufig Schwindel, Verwirrtheitszustände und Kopfschmerzen.

Sulfur

Sulfur (Schwefel) gilt als großes Mittel zur Umstimmung des Stoffwechsels, es bringt einen blockierten und trägen Stoffwechsel in Gang. Das Mittel wird vor allem bei chronischen und langwierigen Erkrankungen eingesetzt. Sulfur (Schwefel) ist in der Homöopathie das Mittel zur universellen Entgiftung und Reinigung des Körpers, weshalb Schwefel in der Homöopathie auch als „König der Arzneimittel" gilt. Sulfur normalisiert einen zu starken und unregelmäßigen Herzschlag, weshalb es auch regulierend auf den Blutdruck wirkt. Zusätzlich sorgt Schwefel für eine bessere Verteilung des Blutes im gesamten Körper. Auch bei Herzinsuffizienz und Herzrhythmusstörungen ist Schwefel indiziert. Schwefel wird auch als „Brennendes Prinzip der Natur" bezeichnet – denn es wirkt wie Feuer, das alle Keime und Gifte verbrennt. Sulfur sollte immer in die Therapie von chronischen Erkrankungen mit einbezogen werden, zu Beginn der Therapie schwemmt es Giftstoffe, Schlacken und Rückstände von Medikamenten aus dem Körper, so dass sich dieser ganz auf seine Heilung besinnen kann.

Die Anwendung zu Beginn einer Therapie sichert die gründliche Ausleitung aller Schadstoffe, die chronische Krankheiten stets mitverursachen. Durch eine umfassende Entgiftung des Körpers werden dessen Selbstheilungskräfte aktiviert. Die Stoffwechselleistung des Körpers wird befeuert, Regenerationsprozesse unterstützt. Ein durch zu viel Alkohol, Medikamente und Infektionen geschwächter Körper wird gestärkt und entlastet. Sulfur besitzt die Fähigkeit, grundlegend umstimmende Wirkungen zu entfalten. Auch virale und bakterielle Infektionen sind gut mit Sulfur behandelbar. Ein weiteres Einsatzgebiet von Sulfur sind auch Hauterkrankungen (Akne, Ekzeme, Furunkel usw.).

Symptome, die für die Einnahme von Sulfur sprechen: Träge und erschöpfte Menschen mit verminderter Stimmung und wenig Vitalität. Zerstreute, ungeduldige Menschen. Verlangen nach Alkohol sowie nach salzigen und scharfen Speisen und nach Süßigkeiten. Großer Durst. Nach dem Essen treten Blähungen auf, der Bauch ist geschwollen. Verstopfung und Hämorrhoiden. Leberstörungen. Unreine Haut und Juckreiz. Hitze wird schlecht vertragen.

Sanfte Anwendungen zum Einsatz bei Bluthochdruck

Die folgenden entgiftenden, entschlackenden sowie roborisierenden (kräftigend, von lat. Robur: Kraft) Maßnahmen wie Wechselbäder und –duschen sowie Bürstenmassagen werden zwar oft belächelt und nicht ernst genommen – diese entgiftenden Maßnahmen gehören aber zu den effektivsten Maßnahmen zur Stärkung des gesamten Körpers und spielen eine wichtige Rolle für die Wiedererlangung von körperlicher und seelischer Kraft. Alle Anwendungen regen die Selbstheilungskräfte des Körpers an, weiter tragen sie zur Regenerierung, Harmonisierung, Vitalisierung und Immunstärkung des Körpers bei. Zudem sind die im Folgenden dargestellten Maßnahmen eine Wohltat für Körper und Seele und stärken auf angenehme Weise einen überlasteten und strapazierten Organismus.

Im Rahmen einer ganzheitlichen Blutdrucktherapie sind verschiedene Maßnahmen (Homöopathie, Schüßler-Salze, Ernährung, Bewegung, Wassertherapie usw.) in Kombination am effektivsten. Auf diese Weise addieren sich die Wirkungen der einzelnen Anwendungen nicht nur – sie können sich sogar potenzieren, d. h. um ein Vielfaches steigern.

Wirksame Wasseranwendungen

Wasseranwendungen (Hydrotherapie)

Wasseranwendungen – die sogenannte Hydrotherapie - machen sich die Heilkraft des Wassers zunutze. Die Wassertherapie ist eine Reiztherapie, die den Organismus umstimmen soll. Mittels der Wassertherapie werden die Blutgefäße stimuliert, reguliert und trainiert. Auf diese Weise werden die Gefäße erweitert, wodurch der Kreislauf und das Herz entlastet werden. Deshalb können Wasseranwendungen den Blutdruck auf sanfte, aber wirksame Weise senken. Regelmäßige Wasseranwendungen spielen deshalb eine wichtige Rolle in der ganzheitlichen Blutdrucktherapie. Der Körper wird durch die Reize des Wassers herausgefordert, die natürlichen Regulationsmechanismen des Körpers werden in Gang gesetzt, wodurch eine nachhaltige Wirkung erreicht werden kann. Generell kann man sagen, dass warmes Wasser entkrampft und entspannt, während kaltes Wasser anregend wirkt. Wechselnde Temperaturen bringen den Kreislauf in Schwung, sorgen für Vitalität und härten den Körper ab. Zudem werden die Selbstheilungskräfte des Körpers angeregt.

Menschen mit erhöhtem Blutdruck müssen sich langsam an Wasseranwendungen gewöhnen und umsichtig an diese herangeführt werden.

Zunächst ist es sinnvoll, Waschungen bzw. Güsse an einzelnen Körperteilen, z. B. am Arm, Gesicht oder Knie durchzuführen.

Dies kann etwa in Form von Armbädern oder Kniegüssen geschehen. Hierbei wird das Wasser immer beginnend von der Herzferne in die Herznähe geleitet. Wasseranwendungen können mit reinem Wasser oder mit Zusätzen (z. B. Meerwassersalz) durchgeführt werden.

Wechselduschen und -bäder

Durch Wasseranwendungen wird der gesamte Kreislauf angeregt, die Durchblutung der Organe verbessert und das Immunsystem günstig beeinflusst. Wechselbäder stärken den Kreislauf, entgiften den Körper und beleben den gesamten Organismus. Wechselbäder und -duschen haben eine außerordentlich vorteilhafte Wirkung auf die Gesundheit, gerade auch im Hinblick auf die Regulierung des Blutdrucks. Die Blutgefäße werden aufgrund der kalten und warmen Wasserreize abwechselnd erweitert und verengt, was ein gutes Training für die Blutgefäße bedeutet.

Beginnen Sie die Wechselduschen für bis zu drei Minuten mit sehr heißem Wasser, wechseln dann für bis zu einer Minute zu kaltem Wasser und wiederholen Sie diesen Vorgang einige Male – bevor Sie die Prozedur schließlich mit kaltem Wasser beenden. Die Temperatur in der Kaltphase sollte zwischen 10 und 16 °C liegen, die der Warmphase zwischen 36 und 39 °C. Durch Wechselbäder wird der Körper mit frischem Blut und Sauerstoff versorgt, zusätzlich werden Ansammlungen von Giftstoffen und Krankheitserregern aus zuvor schlecht durchbluteten Regionen entfernt.

Durch das abwechselnd kalte und warme Wasser wird der Körper abgehärtet, durchblutet und entgiftet sowie das Immunsystem gestärkt. Auch in vielen Thermen gibt es Kalt-Warm-Becken. Hier verbleibt man bis zu fünf Minuten im warmen Wasser, anschließend wechselt man ins kalte Becken, wo man maximal eine Minute ausharrt. Die Prozedur wird immer mit einem kalten Bad beendet.

Hinweis: Extreme Kälte ist bei Bluthochdruck zu vermeiden, da diese den Blutdruck in die Höhe treibt. Bei sehr hohem Blutdruck sollte man auf die Anwendung von Wechselbädern und -duschen vorsichtshalber verzichten.

Ansteigendes Fußbad

Eine sehr wirksame Wasseranwendung, gerade bei beginnenden Erkältungen und für leicht fröstelnde Menschen, sind Fußbäder mit ansteigender Temperatur. Ständig kalte Füße sind ein Risikofaktor für Erkältungskrankheiten, warme Fußbäder dienen hier der Aufwärmung und wirken zusätzlich entspannend und stressmindernd. Darüber hinaus haben ansteigende Fußbäder eine positive Wirkung bei Herz-Kreislauf-Beschwerden. Zudem werden beim ansteigenden Fußbad die Reflexzonen der Füße angeregt, wodurch sich eine wohltuende Wirkung im ganzen Körper ausbreitet. Dem Fußbad können durchblutungsfördernde, wärmende oder beruhigende Zusätze wie Fichtennadel-, Rosmarin- oder Lavendelöl zugesetzt werden, um die positive Wirkung des Fußbades zu verstärken. Zur Durchführung eines ansteigenden Fußbades werden beide Füße in etwa 35 °C warmes Wasser (in eine Fußwanne) getaucht und durch langsames Zulaufen von heißem Wasser (etwa 15 Minuten lang) auf 40-42 °C erwärmt. Die Füße verweilen noch fünf weitere Minuten im warmen Wasser. Anschließend trocknet man die Füße gut ab und legt sich zur Entspannung ins Bett.

Hinweis: Bei Venenleiden darf das ansteigende Fußbad nicht durchgeführt werden.

Wassertreten

Auch durch Wassertreten, bei dem durch kaltes Wasser gewatet wird, wird das Immunsystem gestärkt, weiter wird der Stoffwechsel aktiviert und der Kreislauf in Schwung gebracht. Wassertreten erfrischt und entspannt zugleich. Das vegetative Nervensystem wird beruhigt, wodurch der Blutdruck sinkt. Zum Wassertreten füllt man die Badewanne bis eine Handbreit unter die Kniekehle mit kaltem Wasser. Anschließend schreitet man im Storchengang durch das Wasser, wobei ein Bein aus dem Wasser gehoben wird und dabei die Fußspitze nach unten gezogen wird. Wenn der Kältereiz zu stark wird, wird die Prozedur beendet. Bei allen Kaltwasseranwendungen muss der Körper warm sein. Gegebenenfalls muss der Körper zuvor durch Bewegung wie z. B. durch Gymnastik aufgewärmt werden. Genauso wichtig ist es, den Körper nach der Kaltwasseranwendung wieder ausreichend aufzuwärmen. Warme Socken und Bettruhe sorgen für ein angenehmes Wohlgefühl. Auch in vielen Thermen gibt es Kneipptretbecken, wo man abwechselnd durch 35 °C warmes und durch 15 °C kaltes Wasser schreiten kann. Ebenso gibt es in vielen Parkanlagen und Kurpärken Kneipptretbecken, wo Sie an der frischen Luft Wassertreten können. Wassertreten ist nicht für Personen geeignet, die an Nieren-, Blasen- oder anderen Unterleibsbeschwerden leiden.

Ansteigende Armbäder

Das ansteigende Armbad ist eine sanfte, aber effektive Methode, den Blutdruck zu senken sowie das Herz zu entlasten. Hierzu füllt man ein Waschbecken oder eine Armbadewanne mit etwa 33 °C warmem Wasser und badet anschließend beide Arme vollständig im Wasser. Durch die Zugabe von wärmerem Wasser steigert man die Temperatur langsam innerhalb von 15 bis 20 Minuten auf 39 °C. Das Zimmer, in dem das Armbad durchgeführt wird, sollte eine angenehme, warme Temperatur haben. Nach dem Durchführen des Armbades sollte man etwa eine halbe Stunde im Bett ruhen. Ansteigende Armbäder regulieren nicht nur den Blutdruck, sondern verbessern allgemein die Gesundheit und stärken das Immunsystem. Gerade in Zeiten von grassierenden Erkältungen ist es deshalb ratsam, ansteigende Armbäder durchzuführen. Ansteigende Armbäder sind auch bei Schmerzen verschiedener Ursache (z. B. bei Migräne, Rheuma) einsetzbar.

Bürstenmassagen

Eine klassische Anwendung zur Stärkung des Körpers sowie zur Abhärtung und zur Steigerung des Wohlbefindens ist die Bürstenmassage. Regelmäßige Bürstenmassagen regen den gesamten Stoffwechsel an, stärken die Abwehrfunktion des Körpers, steigern die Durchblutung, beleben den Organismus und verbessern die Hautstruktur. Bürstenmassagen wirken zum einen direkt auf die Haut, zum anderen wirken sie reflektorisch über die Nervenbahnen und somit über die Freisetzung von Signalstoffen. Durch die Stabilisierung des vegetativen Nervensystems werden Herzschlag und Blutdruck beruhigt und harmonisiert. Durch die intensive Berührung und Bewegung tieferer Haut- und Muskelschichten wird die Durchblutung angeregt. Dadurch wird die Zufuhr von frischem Blut in alle Organe erhöht, gleichzeitig werden alle Zellen mit Sauerstoff, Nähr- und Abwehrstoffen versorgt. Die Massage sollte immer von den Extremitäten ausgehend zur Körpermitte, zum Herzen hin, durchgeführt werden.

Auf diese Weise wird der Rückstrom des Blutes verbessert. So werden alle Stoffe, die nicht mehr gebraucht werden oder sogar schädlich sind, aus dem massierten Gewebe abtransportiert. Die Massage unterstützt also den Blutaustausch – alle Körperzellen und Organe werden so jung und gesund erhalten oder wieder regeneriert. Optimal zur Gesundheitsvorsorge ist eine etwa zehnminütige Bürstenmassage alle zwei bis drei Tage, idealer Zeitpunkt für eine Massage ist der Morgen. Für die Bürstenmassage sollte eine Bürste mit weichen, sauberen Borsten verwendet werden. Die Massage sollte als angenehm empfunden werden, starkes Bürsten ist weder notwendig noch hilfreich. Nicht durchgeführt werden dürfen Bürstenmassagen bei entzündeter Haut sowie bei entzündlichen, allergischen und infektiösen Hautkrankheiten. Weiter ist bei degenerativen Gefäßerkrankungen (z. B. bei Krampfadern), bei Neurasthenie und bei Schilddrüsenerkrankungen Abstand von Bürstenmassagen zu nehmen.

Sonnenlicht senkt den Blutdruck

Wärmendes Sonnenlicht vertreibt nicht nur trübe Gedanken und den berüchtigten Winterblues, sondern ist auch in der Lage, den Blutdruck so weit zu senken, dass das Risiko für Herzinfarkt und Schlaganfall signifikant abnimmt. Dies entspricht auch Untersuchungen, wonach der Blutdruck in den Wintermonaten um ca. 5 mm Hg höher ist als im Sommer. Verantwortlich für die blutdrucksenkende Wirkung der Sonneneinstrahlung sind UV-A-Strahlen, welche über eine Freisetzung von Stickstoffmonoxid (NO) aus der Haut die Blutgefäße erweitern und dadurch den Blutdruck senken. Stickstoffmonoxid entsteht wiederum aus Nitrit und Nitrat – diese Stickstoffverbindungen sind in der Haut in größeren Mengen gebunkert und werden durch Sonnenlicht in Stickstoffmonoxid umgewandelt und in den Blutkreislauf entlassen. Stickstoffmonoxid wirkt vasodilatierend, d. h. die Blutgefäße werden erweitert, durch die Weitstellung der Adern nimmt der periphere Gefäßwiderstand ab und der Blutdruck sinkt deutlich.

Neben der positiven Wirkung auf die Gefühlslage und das Immunsystem spielt Sonnenlicht also auch in der Prävention von Herz-Kreislauf-Erkrankungen eine wichtige Rolle. Dies ist vielleicht auch der Grund dafür, dass wir bei den ersten Sonnenstrahlen des Frühlings instinktiv zum wohltuenden Sonnenlicht streben, das auch die Natur zu neuem Leben erweckt. Natürlich kann die zu starke Aussetzung an die Sonne auch zu Hautkrebs führen, weshalb generell trotz aller positiven Effekte zu einem maßvollen Umgang mit Sonnenlicht geraten werden muss. UV-B-Strahlung spielt für die Freisetzung von Stickstoffmonoxid übrigens keine Rolle, jedoch wird dieser Typ Strahlung für die Vitamin-D-Synthese - und damit auch zur Blutdrucksenkung - benötigt (siehe Kapitel „Vitamin D – Sonderstellung unter den Vitaminen").

Ausreichender Schlaf schont Herz und Blutdruck

Ausreichender Schlaf ist ein sehr probates Mittel, um den Körper zu regenerieren. Grund dafür ist, dass im Schlaf die Stoffwechselfunktionen auf Hochtouren arbeiten, der Körper ist nicht mit anderen Aufgaben beschäftigt und kann sich der Entgiftung und Entschlackung des Körpers widmen. Zudem benötigt der Körper Ruhe und Erholung, um sich und seine Organe angemessen zu regenerieren. So werden im Schlaf neue Zellen gebildet, bereits vorhandene Zellen wachsen besser und geschädigte Zellen werden repariert oder eliminiert. Freie Radikale, die Krankheiten auslösen können, werden während des Schlafs vernichtet, ebenso alle Arten von Krankheitserregern wie Viren, Bakterien und Pilze. Nicht umsonst heißt es im Volksmund „sich gesund schlafen", durch einen erholsamen Schlaf werden die Lebensgeister wieder geweckt und alle Körperfunktionen einem Verjüngungsprozess unterzogen. Die Regenerationsprozesse finden hauptsächlich in der ersten Hälfte des Nachtschlafs statt, in der sogenannten Phase des Tiefschlafs, zwischen 23 und 3 Uhr.

Die optimale Schlafdauer ist individuell verschieden, durchschnittlich benötigt ein Mensch sieben bis acht Stunden Schlaf. Zu wenig Schlaf schwächt den Körper, schädlich sind jedoch auch zu viel Schlaf und ein gestörter Tag-Nacht-Rhythmus, etwa durch Schichtarbeit. Auch die Schlafqualität ist von entscheidender Bedeutung – wer nachts sehr unruhig schläft und morgens wie gerädert aufwacht, ist tagsüber nicht ausreichend erholt und auch das Immunsystem, der Kreislauf und die Psyche leiden unter einer schlechter Schlafqualität. Die optimale Schlaftemperatur liegt zwischen 16 und 19 °C. Idealerweise sollte das Schlafzimmer nachts nicht beheizt werden, bei Bedarf greife man eher zu einer dicken Bettdecke, Wollsocken und ggf. zusätzlich zu einer Bettflasche.

Vor dem Schlafengehen sollte man das Fenster einige Minuten lang komplett öffnen, um für genügend frische und unverbrauchte Luft zu sorgen. Die Luftfeuchtigkeit im Schlafzimmer sollte zwischen 40 und 55 % liegen.

Die Feueratmung

Die Feueratmung ist eine spezielle Form der Reinigungsatmung, welche dazu geeignet ist, den Körper gründlich zu reinigen. Da bei dieser Form der Atmung sehr schnell geatmet wird, wird die Lunge gereinigt und der Sauerstoffgehalt des Blutes wird stark erhöht. Die Lungenkapazität wird gesteigert, Kreislauf- und Herztätigkeit werden verbessert. Die Atemwege werden gründlich gereinigt, daher ist die Feueratmung eine gute Vorbeugung gegen Heuschnupfen, Asthma, verstopfte oder entzündete Nasennebenhöhlen sowie Erkältungskrankheiten. Weiter werden Leber, Herz und Magen auf wohltuende Weise massiert. Der ganze Körper wird gereinigt und entschlackt, Stoffwechselvorgänge werden verbessert. Das Sonnengeflecht wird aktiviert und das innere Feuer wird angeregt. Üblicherweise wird die Schnellatmung im Sitzen ausgeführt, sie kann aber auch im Stehen oder Gehen erfolgen.

Die Atmung erfolgt mit deutlicher Betonung der Ausatmung, welche kraftvoll und aktiv ist, während die Einatmung passiv ist und reflektorisch erfolgt. Der Übende konzentriert sich ganz auf die Ausatmung, die Einatmung erfolgt automatisch. Die verstärkte Ausatmung bedingt die stark reinigende Kraft dieser Übung. Beim Einatmen hebt sich die Bauchdecke, beim Ausatmen senkt sie sich. Es wird tief und entspannt geatmet. Man beginnt zunächst mit ca. 20 Atemstößen, später kann man auf 40 bis 60 Atemstöße steigern. Während der Übung verharren Kopf und Oberkörper in Ruhe, nur die Bauchdecke wird bewegt. Die Feueratmung wird häufig mit der Wechselatmung kombiniert, welche nach der Schnellatmung praktiziert wird. Die Schnellatmung wird auch als Mittel zur Bewusstseinsveränderung eingesetzt. Der Kopf wird leer und frei, die Gedanken werden unterbrochen. Deshalb dient die Schnellatmung auch zur Vorbereitung der Meditation.

Besserer Umgang mit Stress

Stress am Arbeitsplatz, unzählige Überstunden und wenig Freizeit – wer kennt diese Problematik heutzutage nicht? Grenzenlose Hektik und Strapazen bestimmen unseren Alltag, der Leistungsdruck in Beruf und Privatleben steigt permanent. Wie ein Hamster drehen wir im berüchtigten Laufrad. Selbst in der Freizeit muss man vielfältigen Verpflichtungen nachkommen, das Vereinsleben und die Geselligkeit rufen, der moderne Mensch tanzt gerne auf allen Hochzeiten und ist Hansdampf in allen Gassen. Und zuhause locken nicht selten Internet und Fernsehen, das Handy klingelt unaufhörlich, so dass Körper und Seele einfach nicht zur Ruhe kommen können. Dabei bleiben Gesundheit und Wohlbefinden natürlich auf der Strecke. Wie wir bereits gelesen haben, wird in Phasen von Stress der Sympathikus, also der aktivierende Teil unseres vegetativen Nervensystems, angeregt. Der Körper wird in Alarmbereitschaft versetzt, infolgedessen werden vermehrt körpereigene Stresshormone in der Nebennierenrinde produziert. Und diese Hormone haben die unangenehme Eigenschaft, dass sie die Herzfrequenz erhöhen, die Blutgefäße verengen und den Blutdruck ansteigen lassen.

Kurzfristig gesehen ist diese Reaktion sinnvoll – bei anhaltenden Phasen von Stress wird der Blutdruck jedoch permanent gesteigert.

Der Körper steht unter Daueralarm, Herzfrequenz und Blutdruck werden hochgepeitscht, die Gefäße werden immer härter und enger, zusätzlich kommt es zu Ablagerungen in den malträtierten Gefäßen. Irgendwann kann sich das ständig hochtourig laufende Herz-Kreislauf-System gar nicht mehr entspannen. Der Körper reagiert schon auf alltägliche Situationen, als wären es Notfälle. Also müssen wir alles tun, um nicht Opfer des ständigen Stresses zu werden – bereits eine Änderung der Wahrnehmung der individuellen Situation kann viel Positives bewirken. Um Stress erfolgreich abzubauen, müssen wir unserem Körper und unserer Seele ausreichend Zeit und Möglichkeiten für Ruhe und Entspannung einräumen - es gilt also, das Nervenkostüm zu schonen und Stress abzubauen.

Im Folgenden werden die wichtigsten und erfolgreichsten Entspannungstechniken beschrieben - Wie Sie sehen werden, wirkt sich die Reduktion von Stress nicht nur auf den Blutdruck, sondern auf alle Bereiche Ihres Lebens positiv aus.

Die Macht der Gedanken

In diesem Kapitel lernen Sie die beeindruckende Macht der Gedanken kennen – die Gedanken manipulieren uns, aber gleichzeitig können wir diese auch nach unseren Regeln spielen lassen. Nicht umsonst heißt es, dass wir das Produkt unserer Gedanken sind. So können wir eingefahrenes Gedankengut ohne Weiteres zu unserem Vorteil und zu unseren Gunsten verändern. Gedanken haben eine ungeheure Kraft und sind omnipräsent. Wann kommt es schließlich einmal vor, dass man an überhaupt nichts denkt? Das Gedankenkarussell ist stets in Bewegung, die Gedanken kreisen unentwegt. Gedanken, die wie Sturmwellen ewig tosen und toben, lassen uns kaum zur Ruhe kommen. Wie unglaublich entspannend und heilsam – ja, auch heilsam – kann es dagegen sein, mal an gar nichts zu denken, ruhig zu werden, den Geist zu leeren. Das kann z. B. beim Versenken in eine Meditation passieren, beim Vertiefen in Yogaübungen oder auch beim konzentrierten Spiel. Die Gedanken können auch frei werden beim Gefühl des eins-sein mit der Natur, etwa auf dem Gipfel eines Bergs oder beim Betrachten eines Sonnenuntergangs. Diese gedanken-lose Momente sind zutiefst entspannend und wohltuend. Welche Macht dagegen gerade unangenehme Gedanken haben, weiß jeder, der nachts schon einmal vor Sorgen wach gelegen ist – sei es aus Furcht wegen einer unsicheren Zukunft, sei es aus Angst um schwer kranke Angehörige. Ohne es zu wollen, verheddern wir uns in einer endlosen Grübel-Schleife.

Im Allgemeinen bestimmt der Alltag unser Leben, eingefleischte Gewohnheiten sind der Schlüssel dazu. Das hat durchaus Vorteile. Denn bei regelmäßigen Tätigkeiten und Handlungen braucht man nicht mehr nachzudenken, diese laufen gleichsam automatisiert ab. Die Gewohnheiten führen sozusagen ein Eigenleben. Natürlich sind wir uns der Macht solcher automatisierter Handlungen meist gar nicht mehr bewusst, weil diese tief im Unterbewusstsein abgespeichert sind. Das Unterbewusstsein kann man mit einem riesigen Speicher vergleichen, in dem alle Arten von Gewohnheiten, Emotionen und Erlebnissen gelagert sind. Da wir uns dessen gar nicht gewahr oder bewusst sind, sind wir ungewollt Opfer unserer Gewohnheiten – das Wort Opfer bezieht sich freilich nur auf schlechte Gewohnheiten. Anders ausgedrückt: Wir müssen wieder Verantwortung für unser Unterbewusstsein entwickeln - so paradox sich das auch anhören mag. Denn das Unterbewusstsein darf man nicht als Feind betrachten, sondern als Verbündeten für die Durchsetzung der eigenen Pläne. So müssen wir die Kontrolle über unser Unterbewusstsein gewinnen und dieses zur Umprogrammierung anspornen. Die alten negativen Gedanken können so gelöscht werden und durch neue positive Glaubenssätze ersetzt werden. Statt positiv zu denken, sabotieren wir uns oft selbst und lassen negative Gedanken zu und diese sogar die Oberhand gewinnen. Wir haben jedoch die Wahl, wir können frei Entscheidungen treffen, was uns vom Tier unterscheidet.

So können wir unsere Gedanken zu unserem Vorteil und Gunsten verändern. Denn unsere Gedanken formen unser Gehirn – die Daten in unserem Gehirn sind formbar, sie sind keine unveränderbare Konstante. So entsteht nach und nach aus der alten Routine eine neue Routine, eingefahrene Gleise werden verlassen. Deshalb gilt es, sich die Macht der Gedanken zunutze zu machen und neue mentale Kräfte zu entwickeln. Wir müssen also stets auf unsere Gedanken achten und diese hegen, denn diese sind letztendlich unser Schicksal.

Für eine Neuprogrammierung muss gleichsam die Reset-Taste gedrückt werden und Platz für neues Gedankengut geschaffen werden.

Positiven Gedanken Raum geben

Vergegenwärtigen Sie sich nur einmal, von wie vielen negativen Gedanken wir tagtäglich beherrscht werden. Hass, Neid und Eifersucht fressen viele Menschen buchstäblich auf. Es ist beeindruckend, wie Menschen sich gegenseitig unnötig das Leben schwer machen. Wir bewerten und verurteilen unsere Mitmenschen und setzen uns auch selbst unter Druck. Verdrängen Sie negative Gedanken ganz bewusst und geben Sie diesen keinen Raum. Hören Sie ganz aufmerksam auf die innere Stimme, die an allem rummäkelt und an vielem etwas auszusetzen hat. Verscheuchen Sie diese dunklen Gedanken und Gefühle aus Ihrem Leben. Drücken Sie ganz bewusst die Stopp-Taste. Lassen Sie positive Gefühle überwiegen: Mut, Freude, Heiterkeit.

Lernen Sie, diese Gefühle zu leben und zu erleben. Denn wir sind nicht zuletzt auch das Produkt unserer Gedanken und schaffen mit diesen unsere eigene Wirklichkeit. Denken Sie nur an das Beispiel vom halbvollen Glas Wein: Für den einen ist es halbvoll, für den anderen halbleer - die Situation ist dieselbe, nur die Sichtweise verschieden. Denn eine Situation ist meist nicht per se gut oder schlecht, sondern wird es erst durch unsere Interpretation und Wertung. Nehmen wir etwa einen regnerischen Tag als Beispiel: dem einen schlägt das Dauerrieseln aufs Gemüt und er wird mürrisch und ungehalten, der andere freut sich, läuft mit Regenstiefeln durch die Gegend oder delektiert sich an gemütlichen Tee- und Lesestunden in der guten Stube. Werden Sie sich daher Ihrer gesamten Gefühlspalette bewusst und überdenken Sie diese neu. Lösen Sie sich von eingefleischten Denkmustern und schaffen Sie neue, positive Gedanken.

Verzeihen lernen

Lernen Sie, zu verzeihen und lassen Sie nicht Gefühlen wie Rache und Hass die Oberhand gewinnen. Wer verzeiht, wird frei sein im Herzen, und muss nicht Altem und Abgelegtem nachhängen. Wer dagegen hasst, nicht verzeihen kann und alten Anfeindungen nachhängt, grämt sich unnötig und kann seelische Probleme wie Depressionen entwickeln. Wie viel Weisheit steckt in unserem täglichen Gebet, im Vaterunser, wo es so trostreich heißt: „Und vergib uns unsere Schuld, wie auch wir vergeben unseren Schuldigern."

Werden Sie sich Ihrer Gefühle bewusst!

Sind Sie morgens beim Gang zur Arbeit stets missgelaunt? Und die Partnerschaft verursacht nur noch Probleme? Gehen Sie den Ursachen Ihrer Gefühle auf den Grund und lassen Sie diese Gefühle zu. Kann es sein, dass der Job im Büro Ihnen keine Freude mehr macht? Und Sie in der Partnerschaft vielleicht unglücklich sind? Erforschen Sie Ihre Ängste und negativen Gefühle und lernen Sie, daraus die Konsequenzen zu ziehen.

Mit unseren Gedanken erschaffen wir die Welt (Buddha)

Die Welt ist das, was wir in Gedanken aus ihr machen. Unsere Psyche hat einen großen Einfluss darauf, wie wir eine Situation wahrnehmen und auf diese regieren. Eine Situation ist oft nicht per se gut oder schlecht – sondern abhängig von unserer Sichtweise. Ein grundlegendes Umdenken hin zum Positiven ist also ein ganz wichtiger Schritt hin zu einem besseren Lebensgefühl.

Was macht Sie glücklich?

Überlegen Sie, was Sie besonders glücklich macht und schaffen Sie sich dementsprechend Ihre persönlichen Glücksmomente. Nehmen Sie Glück intensiv wahr und geben Sie positiven Gedanken Raum.

Lernen Sie Nein! zu sagen

Viele Personen können einfach nicht „Nein" sagen. Ob der Kollege oder der Chef versucht, Ihnen zusätzliche Arbeit aufzubürden, ob die Nachbarin sich die Einkäufe die Treppe hochtragen lässt, ob der Bekannte sich Geld ausleihen will – Sie wollen andere Menschen einfach nicht vor den Kopf stoßen oder verärgern, deshalb sagen Sie stets „Ja". Dass eine solche Einstellung auf Dauer aber ausgenutzt wird und Ihnen selten gedankt wird, dürfte indes auf der Hand liegen. Während Sie zu den Problemen und Aufgaben anderer Menschen „Ja" sagen, sagen Sie gleichzeitig zu sich und Ihren Bedürfnissen „Nein". Aber auch Sie müssen mit Ihren Kräften und Reserven haushalten und dürfen diese nicht wahllos verschleudern. Auch wenn das Gefühl, gebraucht zu werden und anderen helfen zu können, guttut und eine starke Motivation für Ihr Handeln ist, gilt es dennoch, die Stopp-Taste zu drücken. Sagen Sie also öfters ruhig und bestimmt „Nein".

Affirmationen

Affirmationen sind positive, selbstbejahende Sätze oder Aussagen, die wir uns immer wieder selbst vorsagen. Nach wiederholter Übung werden Affirmationen auf diese Weise zu festen Glaubenssätzen. Affirmationen sind also mächtige Wegbereiter für unser Unterbewusstsein - Bewusstsein und Unterbewusstsein arbeiten bei dieser Methode Hand in Hand zusammen. Da unsere Gefühle, Gedanken und unser Handeln ihren Ursprung in unserem Gehirn haben, müssen wir genau da ansetzen. So werden durch konstantes Training tief verwurzelte negative Gefühle und Gedanken umprogrammiert und zu neuen, positiven Gedanken transformiert. Durch positive, bejahende Überzeugungssätze wird unser Unterbewusstsein also neu programmiert. Immer wieder gedacht oder gesprochen, wandern die Glaubenssätze tief in unser Unterbewusstsein und verwerfen dort Zweifel und negative Glaubenssätze. Bei der Ausübung der Affirmationen wird hierbei auf die Kraft der Gedanken und Visionen gesetzt. Dabei müssen dem Unterbewusstsein glaubwürdige und persönliche Affirmationen angeboten werden, um die erwünschte Wirkung zu erzielen. So sollte die Affirmation ein ganz persönlich gewählter Satz sein, der einem gefällt und zusagt. Der Satz sollte zu der jeweiligen Person passen. Die Ausformulierung in der Gegenwartsform zeigt eine deutlich stärkere Wirkung als das Vorsagen in der Zukunftsform. Affirmationen können wahlweise leise oder laut rezitiert werden.

Es bereitet Freude, diese zu sprechen. Es herrschen weder Druck noch Zwang, sondern einzig Vertrauen in das gesteckte Ziel. Der Übende glaubt an sich, er kennt sein Ziel, das klar formuliert wird. Wer Affirmationen spricht, redet in positiver Weise mit seinem Körper, steht in ständiger Kommunikation mit sich selbst. Der Praktizierende erfährt durch regelmäßiges Üben mentale Kraft und Stärke, idealerweise trägt man seine Affirmationen abends etwa 10 Minuten vor.

Achtsam sein

Achtsam sein, bedeutet, alle Vorgänge um uns herum mit ungeteilter, entspannter Aufmerksamkeit zu beobachten und alle Einzelheiten unserer Umgebung in uns aufzunehmen. Wir verlieren uns dabei nicht in Gedanken, sondern sind konzentriert und sind uns dessen gewahr, was Bewusstsein ist. Achtsamkeit kann man üben, indem man sich ganz auf den Augenblick konzentriert und sich ganz auf sich selbst besinnt, während man sich auf ganz einfache Dinge konzentriert - etwa auf das Atmen. Lernt man, achtsam zu sein, verändert sich das Denken wohltuend. Negative Gedanken verlieren an Macht, und zum Vorschein kommen immer mehr die kleinen Freuden des Lebens und das Glück des Augenblicks. Nehmen Sie wahr, wie Sie sich fühlen und widmen Sie allem Ihre gesamte Aufmerksamkeit. Die Intensität des erlebten Augenblicks wird Ihr Leben reicher und zufriedener machen - von Tag zu Tag.

Abschalten können

Wälzen Sie nach Feierabend noch Akten? Grübeln Sie am sich neigenden Tag noch über ungelöste Probleme? Nehmen Sie Ihre Sorgen mit ins Bett? Lassen Sie die Arbeit mit Schließen der Bürotür hinter sich, Klappe runter. Vergessen Sie den täglichen Ärger am Arbeitsplatz. Und verabschieden Sie sich beim Gang ins Bett von den Sorgen und Nöten des vergangenen Tages. Lassen Sie Arbeit Arbeit sein und Büro Büro. Lernen Sie ganz bewusst Abschalten.

Denken Sie daran: Ein jeder Tag sorgt für sich selbst.

Im Hier und Jetzt leben

Gerade wir Europäer neigen dazu, mit unseren Gedanken ständig in die Zukunft oder in die Vergangenheit abzuschweifen - und bewegen uns dabei viel zu selten im Hier und Jetzt. Entweder grämen wir uns über alte Fehler und trauern verpassten Chancen nach oder aber wir blicken sorgenvoll und voller Fragen in eine ungewisse Zukunft. Wenn wir uns aber tatsächlich nur auf den Augenblick konzentrieren würden - um wie viel glücklicher und zufriedener könnten wir sein, ohne Groll wegen vergangener Fehler und ohne Sorgen wegen der Zukunft. Gibt es etwas, was Sie in just diesem Moment ärgert oder ängstigt? Wenn Sie ehrlich sind, müssten Sie diese Frage meist verneinen. Und wie glücklich könnten Sie mit Goethes Faust zum Augenblicke sagen: „Verweile doch! Du bist so schön."

Denn das Glück liegt oft einzig und allein im Augenblick. Lernen Sie den Augenblick mit all seiner Gewalt und Macht zu ergreifen - in all seinem Glück und auch in all seinem Schmerz. Denn sowohl das Glück als auch der Schmerz eines Augenblicks, beides sind unwiederbringliche Momente.

Folgende Geschichte möchte ich Ihnen in diesem Zusammenhang nicht vorenthalten: Ein weiser Mann wurde einmal nach dem Weg zum Glück gefragt, worauf seine Antwort lautete: „Wenn ich stehe, dann stehe ich, wenn ich gehe, dann gehe ich, wenn ich sitze, dann sitze ich, wenn ich esse, dann esse ich, wenn ich liebe, dann liebe ich...". Dann fielen ihm die Fragesteller ins Wort und sagten: „Das tun wir auch, aber was machst Du darüber hinaus?" Er sagte wiederum: „Wenn ich stehe, dann stehe ich, wenn ich gehe, gehe ich, wenn ich...". Wieder sagten die Leute: „Aber das tun wir doch auch!" Er aber sagte zu ihnen: „Nein - wenn ihr sitzt, steht ihr schon, wenn ihr steht, dann lauft ihr schon, wenn ihr lauft, dann seid ihr schon am Ziel."

Lernen wir also, den Dingen, die wir gerade tun, mehr Aufmerksamkeit zu schenken - und legen wir die Zeitung beim Frühstück beiseite, schalten den Fernseher beim Gespräch ab und lassen bei der Arbeit unsere Augen von der Uhr - dann können wir wie Tina Turner in einem ihrer Songs sagen: „The future is this moment and not some place outside."

Und uns wird klar, was der Theologe und Philosoph Meister Eckhart schon im späten Mittelalter erkannte: „Immer ist die wichtigste Stunde die gegenwärtige. Immer ist der wichtigste Mensch der, dem du gerade gegenüber stehst. Immer ist die wichtigste Tat die Liebe."
Beherzigten wir stets diesen weisen Spruch - wie viel mehr Achtung würden wir dem Augenblick und unseren Mitmenschen entgegenbringen - schenkten wir diesen mehr Beachtung und Aufmerksamkeit, ohne mit unseren Gedanken schon wieder ganz wo anders zu sein.

Seien Sie selbstbewusst

Gehen Sie mit aufrechtem und stolzem Gang durchs Leben. Werden Sie sich Ihrer Stärken bewusst und setzen diese gezielt ein. Lassen Sie sich nicht von der miesen Laune anderer ins Bockshorn jagen, sondern glauben Sie an sich und Ihre Stärken. Blicken Sie voller Mut und Zuversicht in die Zukunft.

Leichter geht's mit Humor

Oft nehmen wir das Leben viel schwerer, als es eigentlich ist. Mit einer gehörigen Portion Humor wäre vieles erheblich leichter. Lachen Sie jeden Tag ganz bewusst, auch über sich selbst. Formen Sie Ihre Lippen zu einem Lächeln, schon steigt die Stimmung. Nicht ein lautes Grinsen, sondern ein stilles, inneres Lächeln - Sie werden spüren, wie wohltuend, entspannend und erleichternd es wirkt.

Schenken Sie auch Ihren Mitmenschen ein Lächeln - Sie werden ein Lächeln und Freundlichkeit zurück erhalten. Denn Lächeln wirkt ansteckend und öffnet die Herzen Ihrer Mitmenschen.

Lassen Sie sich nicht von der Bürde Ihrer Probleme beugen und ducken. Bedenken Sie, dass jeder Mensch sein Kreuz zu tragen hat. Jedes Leben besteht aus Höhen und Tiefen. Und nach dem Regen kommt stets wieder die Sonne. Sorgen Sie sich nicht, leben Sie.

Dankbar sein

Seien Sie im Leben dankbar für alles Gute, was Ihnen widerfährt. Sie haben ein Dach über dem Kopf, Sie haben täglich ausreichend zu essen, Sie haben Familie und Freunde. Bedanken Sie sich auch für die kleinen Glücksmomente, die Ihnen jeden Tag widerfahren – gerade diese Glücksmomente machen das Leben doch lebenswert: das angenehme Gespräch mit einer Bekannten, der Spaziergang in der Sonne, ein Lächeln eines Fremden. Schielen Sie nicht auf andere Menschen, die mehr materielle Güter als Sie angesammelt haben – dies macht Sie nur unzufrieden und bereitet Ihnen Stress. Wahres Glück kommt sowieso von innen und kann nur in uns selbst entstehen, materielle Güter sorgen allenfalls für flüchtige Glücksmomente.

Auch mal fünf gerade sein lassen

Noch ein Geschäftstermin und noch ein wichtiger Anruf? Das hat auch Zeit bis morgen - lassen Sie auch mal fünf gerade sein. Zwingen Sie sich zu nichts. Von der lässigen Lebenseinstellung der Südländer können wir noch viel lernen. Also öfters mal „laisser faire". Was Du heute kannst besorgen, das verschiebe gerne auf morgen ist eine manchmal angebrachte Umformung des bekannten Sprichworts.

Entspannungstechniken

Massagen – Wohltat für ein gestresstes Herz

Massagen dienen nicht nur der Behandlung von Rückenleiden oder von Verspannungen im Nacken- und Schulterbereich - sie können vielmehr positiv auf den gesamten Organismus wirken und eine Wohltat für Körper, Geist und Seele darstellen. Berührungen und Streicheleinheiten, insbesondere von „magischen" und glücksbringenden Händen, bauen jede Form von Stress ab und sorgen für tiefe Entspannung. Massagen gehören zu den ältesten Heilmitteln der Menschheit und haben ihren Ursprung wahrscheinlich im Osten Afrikas und in Asien. Bei den streichenden Bewegungen wird die Widerstandskraft des Körpers gestärkt, die gesamte Muskulatur entspannt, Schmerz gelindert und die Psyche beruhigt. Angst und Stress werden über die Beeinflussung des gesamten vegetativen Nervensystems aufgelöst. Massagen wirken harmonisierend und ausgleichend auf den gesamten Körper. Massagen dienen weiter dem Abtransport von Schadstoffen, Toxinen und tief sitzenden Schlacken aus den Organen sowie den Gewebestrukturen des Körpers – aber auch zum Ausleiten von seelischen Belastungen und negativen Erinnerungen. Die Durchblutung des ganzen Körpers wird angeregt, die Fettverbrennung wird stimuliert. Durch die Aktivierung des Stoffwechsels wird Körperfett reduziert, der Körper wird außerdem weicher und elastischer.

Idealerweise wird der Körper nicht nur von äußeren Verhärtungen, sondern auch von inneren Verspannungen befreit. Es erfolgt eine positive Wirkung auf Körper, Geist und Seele. Der Kopf wird wieder frei, Konzentration und Gedächtnisleistung steigen. Die intensiven Effekte betreffen also nicht nur den Körper, sondern den Menschen in seiner Gesamtheit. Bei geistiger und körperlicher Überlastung werden Stress und Disharmonien ausgeglichen. Durch eine liebevoll durchgeführte Massage wird die ganze Kraft der Berührung für den Massierenden spürbar, durch die Berührung können Glückshormone wie bspw. Serotonin freigesetzt werden. Durch die empathische Hinwendung zur Person können innere Spannungen und Blockaden gelöst werden, negative Elemente können aus dem Körper geschleust werden.

Negative Gedankenmuster können aufgelöst werden, da Massagen in die tiefen Ebenen des Energiekörpers und der Seele durchdringen können. Codierungen im Körper können aufgerufen und geweckt werden und auf diese Weise Fehlprogrammierungen aufgebrochen werden.

Abträgliche Erinnerungen können aus dem Körper geschleust werden. Durch heilsame Massagetechniken kann dem Leben eine ganz neue Richtung gegeben werden. Eine in Stille ausgeführte Massage ist eine Wohltat für Körper und Seele. Die Massage ist idealerweise einfühlsam und zärtlich, „sehende und spürende" Hände massieren intuitiv.

Auf diese Weise kann die Kraft im Körper des Klienten frei fließen, die Wahrnehmung wird intensiviert und sensibilisiert, eingefahrene Muster können losgelassen und schmerzliche Erfahrungen verarbeitet werden. So kann die Selbstheilung von Körper und Seele eingeläutet werden. Die Massage dient der Harmonisierung der Körperenergie und unterstützt die Entschlackung des Gewebes.

Chinesische Massagen

Die chinesische Massagetherapie - auch Tuina genannt - hat eine ebenso lange Geschichte wie die traditionelle chinesische Medizin. Im Gegensatz zu westlichen Massagetechniken, die vor allem der Behandlung von Erkrankungen des Bewegungsapparates dienen, werden durch Tuina-Massagen Störungen des gesamten Organismus geheilt. Auf Grundlage des Meridian- und Akupunktursystems wird an den Akupunkturpunkten oder entlang der Meridiane behandelt. Je nach Krankheit werden an den Punkten Reize verschiedener Qualität gesetzt - das kann ein leichtes Drücken, Kneten, Kneifen, Zwicken oder Klopfen sein.

Shiatsu

Unter Shiatsu versteht man die japanische Variante der Akupunktur. Es werden dieselben Punkte am Körper behandelt wie bei der Akupunktur. Allerdings werden keine Nadeln verwendet, bei dieser Methode handelt es sich um eine reine Druckpunktmassage. Alle Krankheiten verstehen sich nach dieser Philosophie als eine Blockade im Fluss der Lebensenergie. Durch eine Shiatsu-Massage soll durch Druck auf die entsprechenden Meridian-Punkte der Energiefluss angeregt und somit die Krankheitsursache behoben werden.

Indische Massagen

Arkaya Deepa

Arkaya Deepa ist eine uralte indische Ölmassage, die alle Lebensgeister weckt. Bei dieser wohltuenden Massage wird der Körper entschlackt und gereinigt und in einen Zustand der tiefen Entspannung versetzt. Über verschiedene Akupressurpunkte werden Verspannungen und Blockaden im ganzen Körper gelöst.

Abhyanga

Auch diese ayurvedische Ölmassage, die in sieben Positionen erfolgt, ist eine Wohltat für Körper und Seele. Die Massage dient der Harmonisierung aller Körperenergie und unterstützt die Entschlackung des Gewebes.

Yoga

Yoga ist eine aus Indien stammende uralte philosophische Lehre, die eine Reihe geistiger und körperlicher Übungen (z. B. Asanas, Meditation, Askese) umfasst. Das Wort Yoga stammt aus dem Sanskrit, der alten Sprache Indiens, und bedeutet „anschirren" oder „anspannen" (von Zugtieren), was später zur Vereinigung und Integration eben der Zugtiere führen soll. Der ursprüngliche Begriff wurde von den Zugtieren auf den Menschen übertragen, im Sinne von Anspannen des Körpers an die Seele zur Sammlung und Konzentration. Yoga „schirrt" Körper, Atem und Geist an, so dass sie ein Gespann bilden - miteinander verbunden im übertragenen Sinn. Entsprechend ging man in der indischen Lehre davon aus, dass wir unsere Gesundheit nur bewahren, wenn wir eben diese Verbindung von Körper, Atem und Geist fördern - und genau auf diese Vereinigung zielen nahezu alle Yoga-Übungen ab. Welcher Weg zur Verwirklichung dieser Ziele eingeschlagen wird - darin unterscheiden sich die verschiedenen Richtungen des Yoga erheblich voneinander. Während Yoga in seiner ursprünglichen Form eine spirituelle Wegbeschreibung ist, deren höchstes Ziel die Erlangung der Erkenntnis des Seins ist, praktiziert man in Westeuropa und Nordamerika oft nur die körperlichen Übungen, die Asanas, losgelöst von religiösen Aspekten. Andere Yoga-Formen hingegen heben mehr den meditativen Charakter hervor, oder aber Elemente wie die Askese. Daneben sollten Atemtechniken stets fester Bestandteil der Yoga-Übungen sein.

Beim Einatmen strömt die Energie in den Körper, beim Ausatmen werden Anspannungen gelöst. Zum bewussten Atmen kommen die Asanas (Körperhaltungen) hinzu, wobei es eine auffallend große Auswahl an Asanas gibt, dazu kommen noch Variationen dieser Asanas sowie Vorübungen. Viele der Asanas lesen sich wie die Bewohner eines Zoos, wie z. B. Kamel, Kobra, Fisch, Skorpion, Hahn und Hund. Daneben gibt es natürlich auch andere Asanas wie den Pflug, den Bogen, den Helden oder den Baum. Gedehnt wird bei den einzelnen Asanas stets sanft und nur so weit, wie es der Körper schmerzfrei zulässt. Der auch hierzulande immer weiter wachsenden Beliebtheit des Yoga sollten auch Sie sich nicht entziehen und die Vorteile des Yoga für Ihre Gesundheit schätzen lernen. Denn Yoga ist ein ganzheitlicher Weg zu körperlicher und seelischer Gesundheit. Yoga bedeutet auch, zu sich selbst zu finden sowie zur Erkenntnis zu gelangen, dass Glück und innerer Friede nicht bei anderen, sondern nur bei uns selbst gefunden werden können. Yoga beschreitet also stets den Weg in unser Inneres, der Übende muss sich selbst erforschen und erspüren. Achtsamkeit und Bewusstsein werden gefordert und gefördert. Traditionell wird Yoga auch zur Stärkung bei Erschöpfungszuständen eingesetzt, indem es die Lebensenergie aktiviert.

Weiter kann Yoga zu einer Linderung verschiedenster Krankheitsbilder führen, insbesondere von Herz-Kreislauf-Erkrankungen, Durchblutungsstörungen, psychischen Beschwerden wie Angstzuständen und Depressionen, Schlafstörungen, Kopfschmerzen und Rückenschmerzen. Bei den einzelnen Übungen werden Kraft, Beweglichkeit, Koordination und Muskelausdauer trainiert. Durch die Aktivierung von Muskeln, Sehnen, Bändern sowie Blut- und Lymphgefäßen kommt es zu einer verbesserten Durchblutung. Die Rückenmuskulatur wird gekräftigt, was wiederum zu einer besseren Körperhaltung führen kann. Zudem besitzt Yoga eine stark beruhigende und ausgleichende Wirkung und kann somit den Folgeerscheinungen von Stress entgegenwirken. Insbesondere dienen auch Atemübungen und Meditation dazu, zur inneren Einkehr zu gelangen. Wenn Sie sich dazu entschließen sollten, Yoga zu praktizieren, sollten Sie dies keineswegs alleine zu Hause im stillen Kämmerchen tun und Yoga nur nach Büchern erlernen. Denn Yoga ist nichts für Autodidakten - wenn man die oft komplizierten Übungen nicht richtig ausführt, ist die Gefahr von Verletzungen und von Überlastung groß.

Daher sollten Sie Yoga nur unter Anleitung eines qualifizierten Lehrers erlernen. Möglich ist dies an Yoga-Schulen, in Fitness-Studios oder auch an Volkshochschulen. Yoga-Stile gibt es viele, streng genommen sind aber alle aus dem Hatha-Yoga entwickelt.

Hatha-Yoga ist die im Westen am häufigsten praktizierte Yoga-Form und wenn man allgemein von Yoga spricht, ist meist Hatha-Yoga gemeint.

Die einzelnen Übungen werden aneinandergereiht, und dann als harmonischer Übergang absolviert - ein Beispiel hierfür ist der Sonnengruß (Surya Namaskar). Der Atmung kommt hierbei besondere Bedeutung zu, nur die Kombination der richtigen Atemtechnik und der Bewegungsfolge führt zum Erfolg. Andere beliebte Yoga-Stile sind z. B. Kundalini-Yoga, Kriya-Yoga und Bikram-Yoga.

Tai Chi

Tai Chi oder chinesisches Schattenboxen ist ursprünglich eine im Kaiserreich China entwickelte innere Kampfkunst. In jüngerer Zeit tritt der Kampfkunstaspekt zurück und Tai-Chi entwickelt sich immer mehr zum Volkssport, der auch der Persönlichkeitsentwicklung und Meditation dient. Durch die weichen und fließenden Bewegungen wird der Körper in eine tiefe Entspannung versetzt, innere Ruhe und Gleichmut werden gefördert.

Qi Gong - Übung für die Lebensenergie

Qi Gong, in geläufiger deutscher Schreibweise auch Chigong, ist eine chinesische Meditations-, Konzentrations- und Bewegungsform zur Kultivierung von Körper und Geist. Zur Praxis gehören Atemübungen, Körper- und Bewegungsübungen, sowie Konzentrationsübungen. Qi Gong ist ein relativ junger Begriff, auch wenn es sich meist um jahrtausendealte Übungen handelt, die bereits zur alten chinesischen Kultur gehörten. Qi Gong bedeutet wörtlich „Energiearbeit" und bezeichnet Übungen, die das „Qi", also die Lebenskraft, kultivieren sollen. Hierbei bedeutet „Qi" „Energie" und das chinesische Schriftzeichen „Gong" bedeutet „Arbeit" oder je nach Zusammenhang auch „Übung" oder „Aufgabe". Die jeweiligen Übungen dienen der Anreicherung und Harmonisierung des Qi, wobei Qi (ausgesprochen „tchi") in der chinesischen Philosophie und Medizin sowohl für die bewegende als auch für die vitale Kraft des Körpers, aber auch der gesamten Welt steht. Die Praxis des Qi Gong soll die Lebensenergie stärken, das Leben verlängern und zu einer gesunden geistigen Verfassung verhelfen. Durch die einzelnen Übungen wird die Energie genährt oder aus der Umwelt aufgenommen

Der Energiefluss wird durch Qi Gong-Übungen gestärkt und somit auch das Wohlbefinden für Körper und Geist. Qi Gong umfasst ein Sammelsurium unterschiedlicher Übungen, von Dehnübungen bis hin zu Atem-Übungen, Laufübungen und vielem mehr. Die drei häufigsten Qi Gong Systeme sind die acht Brokat-Übungen, das Spiel der fünf Tiere und die sechs heilenden Laute. Die acht Brokat-Übungen sind die bekanntesten chinesischen Übungen des Qi Gong, sie sind sehr einfach zu erlernen und werden meist auch an Qi Gong-Schulen gelehrt. Die Übungen stärken die Widerstandskraft des Körpers, sowie Atmung und Geist. Die Gelenke werden hierbei geschont, Muskel und Sehnen werden sanft gedehnt. Beim Spiel der fünf Tiere werden die Bewegungen und Eigenheiten von Hirsch, Affe, Bär, Kranich und Tiger nachgeahmt. Für jedes Tier gibt es mehrere Übungen, die den Organ-Energiefluss unterstützen und nähren, wobei Kraft und Instinkt der jeweiligen Tiere aufgenommen werden. Durch die sechs heilenden Laute soll der Körper wiederum zu einer Art innerlicher Vibration angeregt werden - so sollen Körperregionen, die durch Stimulation von außen ansonsten nicht erreichbar sind, angeregt werden.

Autogenes Training

Autogenes Training ist ein auf Autosuggestion (Selbstbeeinflussung) basierendes, didaktisch klar gegliedertes Verfahren zur Selbstentspannung – es ist ein Weg zu innerer Ruhe und Kraft, zum Abschalten, Loslassen und Erholen. Es ist eine weit verbreitete und anerkannte Methode, um u. a. Stress und psychosomatische Störungen zu behandeln. Das Autogene Training wurde vom Berliner Arzt Johannes Heinrich Schultz (1884-1970) entwickelt, dessen Lebensleistung freilich durch seine Rolle während der NS-Zeit verdunkelt ist. Autogenes Training kann in einer Gruppe oder in Einzelkursen unter Anleitung eines Psychologen oder Arztes innerhalb einiger Wochen erlernt werden. Es kann aber auch im Selbststudium erlernt werden, wovon aber mitunter abgeraten wird, um keine Fehlprogrammierung auszulösen. Zum Zwecke des Selbststudiums gibt es nichtsdestotrotz viele Bücher, die häufig zusätzlich mit einer CD ausgestattet sind. Vorrangiges Ziel des Autogenen Trainings ist es, einen Zustand des Wohlbefindens, der Harmonie, der Ausgeglichenheit und Entspannung zu erreichen. Dies erreicht man bspw. durch Sätze wie „Gedanken kommen und gehen". Die bekannteste Formel ist jedoch „Ich bin ruhig und gelassen". Durch ständiges Üben und Repetieren dieser Formel prägt sich diese ins Unterbewusstsein ein und verselbständigt sich.

Somit kann man die Formel im Alltag gerade auch in schwierigen Situationen anwenden, durch die Anwendung der Formel kehren auch in stressigen Situationen wieder Ruhe und Gelassenheit ein. Allein die Vorstellung der Entspannung und das mentale Visualisieren führen tatsächlich zu tiefer Entspannung. Beim Autogenen Training unterscheidet man die „Unterstufe" und die „Oberstufe". Bereits innerhalb der Grundstufe lässt sich mit den Komponenten der Schwere- und der Wärmewahrnehmung nach mehrwöchigem Training eine psychovegetative Gesamtumschaltung erreichen. Zusätzliche Organübungen vertiefen die Körperwahrnehmung. Dabei wird das Ziel verfolgt, sich selbst in einen Zustand der Entspannung zu bringen. In der Unterstufe werden besonders körperliche Vorgänge beeinflusst. Dabei versucht der Übende, sich ausschließlich auf seinen Körper zu konzentrieren. Hierbei liegt er entspannt auf dem Rücken oder befindet sich in der sogenannten Droschkenkutscherhaltung.

Die richtige Körperhaltung fördert eine maximale Entspannung. Zu den Grundübungen gehören Schwereübungen (z. B. „mein Arm ist schwer"), Wärmeübungen, Atemübungen (z. B. „mein Atem ist ganz ruhig"), Bauchübungen, Herzübungen und Stirnübungen (z. B. „mein Kopf ist leicht"). In der Oberstufe des Autogenen Trainings kommt es zur Vorstellung von Bildern (z. B. eine Rose, eine brennende Kerze) und von selbstgewählten Situationen (z. B. eine Reise auf den Meeresgrund oder auf den Gipfel eines Bergs). Durch das Hineinversetzen in einen entspannten Zustand kann so die Möglichkeit zur Lösung von Problemen und zur Linderung oder Heilung von Krankheiten geschaffen werden. Angewandt werden kann Autogenes Training bei vielen Beschwerden und Erkrankungen, z. B. bei chronischer Müdigkeit, Erschöpfung, Burnout, Stress, Muskelverspannungen, Herz-Kreislauf-Erkrankungen, Schlafstörungen, Migräne, innerer Unruhe und Schmerzen.

Meditation

Wer regelmäßig meditiert, wird bereits nach kurzer Zeit mehr Ruhe, Harmonie, Glück, Frieden und innere Kraft verspüren. Meditation (abgeleitet von den lateinischen Wörtern „meditatio" = „Ausrichtung zur Mitte" und von „medius" = „mittlerer") beschreibt eine in vielen Religionen und Kulturen geübte spirituelle Praxis. Hierbei soll sich der Geist durch Achtsamkeits- und Konzentrationsübungen beruhigen und sammeln. Die angestrebten Bewusstseinszustände werden oft mit Begriffen wie Stille, Leere, Eins-Sein, im Hier und Jetzt sein und mit frei von Gedanken beschrieben. Man lernt, den ständigen Gedankenfluss und das permanente Kreisen von Gedanken zu unterbrechen. In östlichen Kulturen gilt das Meditieren als eine grundlegende und zentrale bewusstseinserweiternde Übung. Meditation als spirituelle Praxis ist dabei immer auch in unterschiedliche religiöse, psychologische und ethische Lehrgebäude eingebunden. In westlichen Ländern dagegen wird die Meditation auch unabhängig von religiösen Aspekten oder spirituellen Zielen zur Unterstützung des allgemeinen Wohlbefindens, zum Stressabbau und im Rahmen der Psychotherapie praktiziert.

Es gibt eine fast unüberschaubare Vielfalt an Meditationstechniken, die sich nach ihrer jeweiligen religiösen Herkunft unterscheiden. Besonders im Hinduismus, Buddhismus und Taoismus besitzt die Meditation eine ähnliche Bedeutung wie das Gebet im Christentum. Neben den traditionellen Meditationstechniken wurden vor allem seit den 70er Jahren des 20. Jahrhunderts im Westen viele von fernöstlichen Lehren inspirierte und an westliche Bedürfnisse angepasste Meditationsformen angeboten. Alle Meditationsarten haben das Ziel, einen vom Alltagsbewusstsein unterschiedenen Bewusstseinszustand herbeizuführen, in dem das gegenwärtige Erleben im Vordergrund steht, im Gegensatz zum gewohnten Denken fehlen Bewertungen sowie der Blick in die Vergangenheit (Erinnerung) oder in die Zukunft (Pläne, Ängste). Durch die Meditation soll ein Bewusstseinszustand erreicht werden, in dem gleichzeitig äußerste klare hellwache Achtsamkeit und tiefste Entspannung möglich sind. Man lernt loszulassen, abzuschalten und den Kopf frei zu bekommen; auch Neid, Streit, Eifersucht und andere negative Gefühle verlieren an Bedeutung.

Generell unterscheidet man zwei Gruppen von Meditationsarten: die passive (kontemplative) Meditation, die im stillen Sitzen praktiziert wird, und die aktive Meditation, bei der körperliche Bewegung, achtsames Handeln oder auch lautes Rezitieren zur Meditationspraxis gehören. Im allgemeinen Sprachgebrauch wird unter Meditation meist nur die passive Form verstanden, so wie sie bspw. in Abbildungen des meditierenden Buddhas symbolisiert wird. Zu den aktiven Mediationstechniken gehören bspw. Tantra, Yoga und die Kampfkünste. Bei der Meditation richten Sie Ihre Aufmerksamkeit ganz gezielt auf nur ein Objekt - im Unterschied zu Handlungen im Alltag, bei denen Sie sich auf wechselnde Reize konzentrieren. Als Objekt der Konzentration empfiehlt sich die Wahl eines Wortes, wie z. B. Om - So-Ham - Ham - diese Laute wirken gleichzeitig beruhigend. Ziel ist es, den Geist von allen anderen Gedanken zu entleeren - wenn Ihre Gedanken abschweifen, kehren Sie unverzüglich zu Ihrem gewählten Laut zurück. Wichtig ist außerdem die Meditationshaltung, d. h. eine Körperstellung, in der Sie über längere Zeit bewegungslos verharren können. Beginnen Sie die Meditationen mit einer Dauer von 20 Minuten und steigern Sie sich langsam auf eine Stunde.

Progressive Muskelentspannung - Abbau von Stress nach Jacobsen

Die Progressive Muskelentspannung wurde bereits im Jahre 1938 von dem amerikanischen Psychologen Edmund Jacobsen entwickelt, in den 60er Jahren des vorherigen Jahrhunderts kam die Entspannungstechnik auch nach Deutschland. Sie ist eine der bekanntesten Methoden zur Verminderung und Prävention von Stress, außerdem wird Stress nicht nur abgebaut, sondern das Gehirn wird auch entsprechend sensibilisiert und kann so neu auftretenden Stress schneller erkennen und vermeiden. Die Progressive Muskelentspannung ist kinderleicht zu erlernen und wirkt meist schon nach der ersten Anwendung positiv. Das Prinzip ist denkbar einfach. Verschiedene Muskelpartien werden nacheinander angespannt und nach kurzer Zeit wieder losgelassen. Durch den Kontrast von Muskelanspannung und -entspannung nimmt man die eintretende Entspannung wesentlich intensiver wahr als ohne vorherige Anspannung. Die Progressive Muskelentspannung ist ohne weiteres im Selbststudium in Form einer geführten Audio-CD oder auch in einem Kurs erlernbar.

Die Palette der Einsatzgebiete ist lang und reicht von Erschöpfung, Stress, Angst, Unruhe, Lampenfieber, Kopfschmerz, Migräne, Tinnitus bis zu Schlafstörungen, Konzentrationsstörungen und Bluthochdruck. Ideal ist auch, dass die Methode ohne weitere Hilfsmittel jederzeit und an jedem Ort einsetzbar ist. Im Laufe der Übung werden alle Körperteile angespannt und dann wieder losgelassen. Der Text für den rechten Arm lautet etwa: Spannen Sie Ihren rechten Arm an. Fühlen Sie die Anspannung. Halten Sie die Spannung kurz, dann entspannen Sie den rechten Arm. Spüren Sie, wie sich der Arm wieder entspannt, mehr und mehr? Am Ende der Gesamtübung nehmen Sie die Entspannung zurück. Räkeln und strecken Sie sich, atmen Sie tief ein und aus. Nach dem Üben werden Sie sich ganz wach und frisch fühlen!

Die richtige Atmung kann wahre Wunder bewirken

Jeder von uns atmet – doch kaum jemand atmet richtig und bewusst. Dabei kann eine ruhige, gleichmäßige Bauchatmung Nervosität, innere Unruhe, Angst und Anspannung in kürzester Zeit deutlich reduzieren. Die richtige Atmung ist also ein einfaches, aber sehr effektives Entspannungsverfahren zur Beruhigung des vegetativen Nervensystems und damit auch zur Senkung des Blutdrucks.

Vorteilhaft ist, dass man die Methode des richtigen Atmens ganz mühelos erlernen kann und praktisch in jeder Situation unauffällig praktizieren kann. Gerade in stressigen Situationen wie auch generell atmen wir zu schnell und zu flach. Gerade in Zeiten von großer Belastung ist es aber wichtig, tief und langsam zu atmen – so wird der Körper mit ausreichend Sauerstoff versorgt und innere Spannungen werden gelöst. Bei einer bewussten, tiefen Atmung wölbt sich der Bauch beim Einatmen nach vorne, beim Ausatmen entspannt sich das Zwerchfell wieder und die Bauchdecke wölbt sich nach innen, verbrauchte Luft wird so herausgepresst. Wichtig ist ganz besonnenes, tiefes und langsames Atmen – schon während dieser Atemübung werden Sie feststellen, wie sich Körper, Geist und Seele beruhigen und entspannen. Üben Sie am besten täglich 10 x ca. 2 Minuten.

Musik, Bäder, Düfte

Entspannende Musik - Klänge für die Seele

Was kann es Schöneres geben, als sich nach einem langen und harten Arbeitstag den Klängen entspannender Musik hinzugeben? Heilenden Klängen zu lauschen, die Körper und Geist entspannen, die inneren Frieden und Harmonie schenken. Keine störenden Umweltreize mehr wahrnehmen, Abstand vom Alltag und Nähe zum Selbst gewinnen, leer werden können - Klänge schweben durch den Raum - Eintauchen in eine Welt der Harmonie. Beginnen Sie den Feierabend mit einer Wellness-CD - das haben Sie sich verdient. Insbesondere Klänge aus der Natur eignen sich, Harmonie und Wohlbefinden zu verströmen, z. B. das Schweben des Windes, das Rauschen des Meeres, das Plätschern eines Baches oder das Zwitschern von Vögeln oder Gesänge von Walen. Musikalisch vielleicht noch unterstrichen von der Panflöte, der Harfe oder von Gitarren - dies lässt uns eintauchen in unbeschwerte Träumereien und heitere Gedanken an eine schöne Landschaft oder einen sorglosen Urlaubstag. Auch gregorianische Gesänge erleben eine regelrechte Renaissance, da diese sehr heilsam wirken und uns Loslassen, Entspannen und eins sein ermöglichen. Kaufen Sie gleich bei Ihrem nächsten Einkaufsbummel eine CD mit den singenden Mönchen, die Melodien schweben gleichsam außerhalb von Raum und Zeit und beschwören die Ewigkeit herauf.

Die Tongirlande der Gesänge und die Kraft der ruhig fließenden Männerstimmen macht es fast unmöglich, nicht in einen herrlichen Zustand der vollkommenen Entspannung zu versinken. In einer immer stressiger werdenden Zeit bietet der Chorgesang in seiner ursprünglichsten Form eine perfekte Möglichkeit zur Entspannung und ansteckende Momente des Glücks.

Entspannende Bäder

Nicht nur in der kalten und stressigen Winterzeit sollten Sie sich gelegentlich, am besten abends, ein heißes Bad gönnen, welches eine wunderbare regenerierende Wirkung entfaltet. Schon während Sie ins Wasser steigen, werden Sie spüren, wie die sanfte Wärme, das Wasser und der Duft des Bades Sie wie ein wohliger Mantel umhüllen. Tauchen Sie ein in das Wasser und in eine reine Wohltat für die Sinne. Lassen Sie los und erleben Sie eine komplette Entspannung von Körper, Geist und Seele. Verwenden Sie bevorzugt Badeöle mit reinen ätherischen Ölen als Zusatz, denn nur reine ätherische Öle besitzen eine heilende und harmonisierende Wirkung. Lavendel und Melisse beruhigen und entspannen, während Rose und Ylang-Ylang harmonisieren.

Aromatherapie

Für ein besonderes Wohlbehagen sorgen auch Duftlampen, die mit reinen ätherischen Ölen versetzt werden. Ein solches Dufterlebnis passt bspw. optimal zu einem entspannenden Abend, wenn Sie gemütlich ein Buch lesen, oder auch meditieren oder Yoga praktizieren. Atmen Sie den Duft der Aromaöle tief ein und spüren Sie die entspannende und harmonisierende Wirkung der ätherischen Öle ganz bewusst. Neben den entspannend wirkenden Ölen Lavendel und Melisse sind harmonisierend wirkende Öle wie Ylang-Ylang und Rose erhältlich. Machen Sie sich die ganz spezifischen Wirkungen der ätherischen Öle zunutze und setzen Sie diese gezielt ein – je nachdem, welche Stimmung Sie hervorrufen möchten.

Die heilende Kraft ätherischer Öle

Die heilende Kraft ätherischer Öle ist wohl eine der angenehmsten Möglichkeiten, viel für die seelische und körperliche Gesundheit zu tun. Denn die wohltuenden Düfte ätherischer Öle können unsere Stimmung beeinflussen und sich positiv auf Seele und Körper auswirken. Diese Tatsache macht sich die Aromatherapie zunutze, bei der ätherische Öle eingesetzt werden, um bestimmte Wirkungen zu erzielen. Ätherische Öle tragen zum seelischen und körperlichen Wohlbefinden bei und können die unterschiedlichsten Beschwerden auf sanfte und natürliche Weise lindern. Die heilende Energie und gebündelte Lebenskraft der natürlichen Stoffe sorgt für Harmonie, Ausgeglichenheit und dauerhafte Gesundheit.

Eine herzstärkende Wirkung besitzt z. B. Lavendel – Beschwerden wie Bluthochdruck, Herzklopfen und Herzrasen können nachhaltig gebessert werden. Lavendel (lat. Lavandula angustifolia = schmalblättriger Lavendel) gehört zur Familie der Lippenblütler (lat. Lamicaecae). Die Pflanze ist im Mittelmeergebiet heimisch, dort wird sie auch in größerem Umfang kultiviert. Für die Wirkung des Lavendels ist das ätherische Öl verantwortlich.

Zur Gewinnung des ätherischen Öls werden die Lavendelblüten verwendet. Lavendel wird von Mitte Juni bis August geerntet, das ätherische Öl wird durch Wasserdampfdestillation gewonnen. Beim Kauf sollte man darauf achten, dass man echtes Lavendelöl (Lavandula angustifolia) erwirbt – das billigere Lavandin ist nicht für therapeutische Zwecke geeignet. Lavendel ist *das* ätherische Öl schlechthin. Mehr als jede andere Pflanze weckt die Pflanze Erinnerungen an warme Sommertage im Süden - Träume von Freiheit, Sorglosigkeit, Sonne und Urlaub kommen auf. Besonders die Provence ist berühmt für ihre weitläufigen Lavendelfelder, ja diese Landschaft ist Sinnbild für den Lavendel schlechthin. Leuchtende Farben und der sinnliche Duft der bis zum Horizont reichenden Lavendelfelder sind ein Fest für alle Sinne.

Wer erinnert sich außerdem nicht an „gute alte Zeiten", als die Großmutter zur Abwehr von Motten duftende Lavendelsäckchen in die blütenweiße Wäsche legte.

Lavendelöl beseitigt oder lindert Angst, seelische Anspannung, Nervosität, und Unruhe. Gedankenkreisen und Schlafstörungen gehören zu weiteren Einsatzgebieten von Lavendel.

Auch Depressionen können gelindert werden, Lavendelöl wirkt ausgleichend und entspannend. Konzentration und klare Gedanken werden gefördert.

Ferner hat Lavendel hautpflegende Eigenschaften, positive Effekte werden bei Wunden, Hautentzündungen, Abszessen, Sonnenbrand und Insektenstichen beobachtet.

Die schmerzstillende Wirkung von Lavendel macht man sich bei Kopfschmerzen, Muskelzerrungen, Verstauchungen und Rheuma zunutze.

Kontakte pflegen

Familienbande stärken

Wichtig für ein ausgeglichenes und glückliches Leben ist die Pflege des Kontaktes zur eigenen Familie. Denn wer bringt uns näher zu den Wurzeln von uns selbst und zu unseren eigenen Ursprüngen als unsere Familie? Deshalb sollten Sie sich den folgenden Tipp zu Herzen nehmen: Nehmen Sie sich so oft wie möglich Zeit für Ihre Familie. Hegen und pflegen Sie ein gutes Verhältnis zu Eltern, Geschwistern, Tanten, Onkeln, Neffen und Nichten. Noch immer oder gerade in unserer heutigen Zeit der Beliebigkeiten gilt der weise Spruch „Blut ist dicker als Wasser". Gerade ein gutes Verhältnis zur Familie sorgt für einen notwendigen Ausgleich zu einem stressigen Beruf – die Familie bildet sozusagen den sicheren Hafen, in den Sie sich jederzeit zurückziehen können.

Wahre Freunde - Wie tausend auf ein Lot

Wenn ich Sie nun spontan fragen würde, wie viele Freunde Sie eigentlich haben, würden Sie vielleicht unschlüssig mit den Achseln zucken und sagen: Jede Menge. Hier habe ich Freunde auf der Arbeit, dort im Verein, dann Freunde am Stammtisch, wie soll man die denn überhaupt alle zählen? Schließlich bin ich ein Hans Dampf in allen Gassen und kenne jede Menge Leute.

Nein, werde ich Ihnen antworten, mit Freunden meine ich jetzt nicht irgendwelche Kumpels, mit denen man auf ein paar Bier um die Häuser zieht oder mit denen man sich am Wochenende zum Fußball trifft - nein, ich meine wahre Freunde, die uns durch die Höhen und Tiefen des Lebens begleiten. Die immer für uns da sind, in guten wie in schlechten Zeiten, denn einen wahren Freund erkennt man erst in schlechten Zeiten, wie schon der große Cicero mit seinem Spruch („Amicus certus in re incerta cernitur." - „Einen sicheren Freund erkennt man in einer unsicheren Situation.") erkannte. Oder auch wie die bodenständige Großmutter einst reimte: „Freunde in der Not gehen tausend auf ein Lot." Machte man sich als Kind möglicherweise noch über die kritischen Worte der Großmutter lustig, so wird man im Laufe seines Lebens die Bedeutung dieser Worte früher oder später am eigenen Leibe erfahren. Denn verschwindet man durch Umzug aus dem unmittelbaren Blickfeld seiner Freunde, wird man durch finanzielle Engpässe arg gebeutelt oder gar von einer heimtückischen Krankheit heimgesucht - in solchen Situationen werden Sie unweigerlich erkennen, wer noch zu Ihnen steht und Ihnen beisteht - und wer sich aus dem Staube macht.

Und dann werden Sie nicht mehr sagen können „Freunde habe ich viele" - sondern auf einmal werden Sie Ihre Freunde an einer Hand abzählen können. Und Sie können sich glücklich schätzen, wenn Sie die wahren Freunde - die seltenen Diamanten inmitten des großen Bergwerks - in solch einer schwierigen Lage erkannt haben und von nun an wissen, wer zu Ihnen hält. Und an diesen wahren Freunden sollten Sie unter allen Umständen festhalten und eine lebenslange Freundschaft beibehalten. Denn die wahren Freunde werden Sie nie enttäuschen, Sie werden immer für Sie da sein und Sie werden sich immer auf diese verlassen können.

Verbannen Sie Leute und Dinge, über die Sie sich ärgern, aus Ihrem Leben

Ärgern Sie sich häufig über bestimmte Leute in Ihrem Umfeld? Haben Sie die Nase voll von Ihrem Auto, weil es jeden Morgen nicht anspringt? Ja, sicher, werden Sie vielleicht sagen, solche Personen kennt doch jeder und wer von uns wüsste nicht um den täglichen Wahnsinn. Was hat das aber alles mit meinem Blutdruck zu tun? Die Crux an unleidlichen Personen und nicht funktionierenden Geräten ist, dass diese tagtäglich unseren Stresshormonspiegel in exorbitante Höhen schnellen lassen. Folge davon ist – das haben wir bereits gelesen – dass genau diese Hormone den Blutdruck in die Höhe schnellen lassen. Ein Ausweg aus diesem Dilemma ist es, einfach kurzen Prozess mit solchen Personen oder Dingen zu machen. Es gibt leider viel zu viele Leute in unserem Umfeld, über die wir uns nur schwarz ärgern: Es handelt sich um Intriganten, Neider, Heuchler, Lästerer, schadenfrohe Personen – von solchen Menschen haben Sie rein gar nichts Gutes zu erwarten, es geht sogar eine nicht unerhebliche negative Energie von diesen Personen aus. Auch wenn Sie diese Leute schon seit Jahrzehnten kennen und Sie nur noch der Bund der gemeinsamen Vergangenheit oder der Gewohnheit zusammenhält, sollten Sie kurzen Prozess machen und solche Menschen ein für alle Mal aus Ihrem Leben verbannen.

Seien Sie nicht mehr zu faulen Kompromissen bereit. Je älter man wird, desto weniger Zeit und Nerven hat man zu verschenken, also sorgen Sie für klare Verhältnisse. Das Gleiche gilt für Dinge oder Situationen, welche mit viel Ärger behaftet sind. Wir haben schon das Auto erwähnt, das jeden Morgen murrt. Weitere Beispiele gibt es zur Genüge. Etwa die Kaffeemaschine, deren Dienste jeden Tag zu versagen drohen. Oder auch nur der Wollpullover, der so kratzig ist, dass man ihn nur mit Widerwillen anzieht. Die Hose, die nicht mehr zugeht und die man deshalb offen trägt, unter dem langen Pullover. Die Schuhe, nach deren Tragen man regelmäßig Blasen an den Füßen hat, die aber sündhaft teuer waren. Das Geschirr mit dem Goldrand, das man nur mit der Hand waschen kann. Die Liste ließe sich beliebig fortsetzen. Es gibt Tage, in denen wirklich der Wurm zu stecken scheint, und nichts glatt läuft und nicht mal die einfachsten Dinge funktionieren. Und genau an solchen Tagen liegen freilich permanent die Nerven blank. Deshalb gilt: Dinge, über die man sich jeden Tag ärgert und die man mit vertretbaren Aufwand abschaffen kann, sollte man kurzerhand aus der Welt schaffen. Und schon hat man etwas mehr Lebensqualität für sich geschaffen und gleichzeitig etwas weniger Stress.

Energieblockaden im Körper auflösen

Blockaden und Disharmonien in den Energiebahnen unseres Körpers können oftmals chronische Erkrankungen auslösen. Störungen der Energiebahnen werden v. a. durch seelisch belastende Emotionen wie Angst, Ärger, Wut, Unzufriedenheit oder andere negative Gedanken verursacht. Energieblockaden äußern sich in fehlender Energie sowie in einem mangelnden Energiefluss. Auch aufgestaute Energie kann sich negativ auswirken. Blockaden entlang der Energiebahnen führen zu einer allgemeinen Disharmonie von Körper, Geist und Seele. Vitalität und Lebenskraft schwinden, an deren Stelle treten chronische Krankheiten. Ist der Energiefluss über einen längeren Zeitraum gestört, kann es zu psychischen Störungen kommen oder aber die mit Energie unterversorgten Organe können erkranken. Im gesunden Körper fließt die Energie entlang bestimmter Bahnen im Körper. Die feinstofflichen Energiebahnen werden auch als Meridiane bezeichnet. Die Energie fließt hierbei immer zum Kopf (lat. cranium = Schädel), wobei die Energie immer geradeaus fließt. Die Energie fließt von den Füßen und den Armen in den gesamten Körper. Fließt die Energie frei und ungehindert, ist der Mensch gesund. Befinden sich auf den Energiebahnen dagegen Blockaden, so fließt nur ein Teil der Energie ins Zielgebiet. In der chinesischen Medizin sind die wichtigsten Körperpunkte die Meridiane, die Fußreflexe, die Handreflexe sowie die Ohrenreflexe.

Eine probate Methode, Energieblockaden nicht nur mittels eines Therapeuten, sondern auch selbst aufzulösen, ist Jin Shin Jyutsu. Bei Jin Shin Jyutsu handelt es sich um eine jahrtausendealte japanische Harmonisierungslehre, die lange Zeit in Vergessenheit geraten war und erst in neuerer Zeit wiederentdeckt wurde. Ziel von Jin Shin Jyutsu ist eine universelle Harmonisierung von Körper, Geist und Seele. Man geht bei dieser Lehre davon aus, dass eine umfassende Lebensenergie alle Lebewesen durchströmt. Solange diese Energie frei fließt, befindet sich der Körper in vollkommener Harmonie. Kommt es jedoch zu Störungen der Energiebahnen, breitet sich eine Disharmonie aus, die sich in physischen Krankheiten sowie seelischen Störungen äußert.

Mittels bewusster Atmung, speziellem Fingerdruck und festgelegten Handgriffen entlang der sogenannten „Energieschlösser" – so werden die Energiezentren im Jin Shin Jyutsu bezeichnet – wird es dem Anwender ermöglicht, die Energieblockaden zu lösen und so wieder Gesundheit und Wohlbefinden zu erlangen. Sehr wichtig ist dabei bewusstes Atmen und richtige Arbeit mit den Fingern. Das Auflösen der Blockaden bezeichnet man auch als „Strömen". Zur Erlernung der Jin Shin Jyutsu-Techniken gibt es zahlreiche Ratgeber. Jin Shin Jyutsu ist zwar keine wissenschaftlich anerkannte Methode, jedoch gibt es viele Überschneidungen mit etablierten Methoden wie der Akupressur und der Akupunktur.

Akupressur und Akupunktur als Heilmethoden gegen Bluthochdruck

Auch bei den Methoden der Akupunktur und Akupressur geht man davon aus, dass Krankheiten durch einen gestörten Energiefluss im Körper ausgelöst werden können. Akupunktur und Akupressur gehören zur traditionellen chinesischen Medizin (TCM) und werden schon seit ca. 3000 Jahren angewendet. Die TCM geht davon aus, dass die Lebensenergie (Qi) auf definierten Leitbahnen (Meridianen) zirkuliert, auf den Meridianen befinden sich rund 400 Akupunkturpunkte. Ein gestörter Energiefluss wiederum führt zu diversen Krankheiten. Bei der Akupunktur sollen daher durch gezielte Stiche auf bestimmte Akupunkturpunkte Störungen im Energiefluss behoben werden. Durch die Reizung der Akupunkturpunkte mittels Nadeln wird die Energie wieder zum Fließen gebracht, hierbei werden die Nadeln etwa 20 bis 30 Minuten auf den Akupunkturpunkten belassen. Das gleiche Therapieziel – den Fluss der Lebensenergie wieder anzukurbeln – hat die Akupressur. Hier wird allerdings nicht mit Nadeln gearbeitet, sondern die entsprechenden Akupunkturpunkte werden mit den Fingern massiert.

Schröpfen gegen erhöhten Blutdruck

Traditionell werden beim Schröpfen Glasschröpfköpfe verwendet, die innen erhitzt werden, wodurch ein Vakuum erzeugt wird. Durch den entstehenden Unterdruck saugt sich das Glas beim Aufsetzen auf die Haut fest. Diese Prozedur nennt man trockenes Schröpfen, das Glas wird bis zu 15 Minuten auf der Haut belassen. Durch den auf den Körper einwirkenden Reiz werden Blockaden gelöst und der Energiefluss im Körper wieder aktiviert. Die Durchblutung wird gesteigert, Schlacken und Ablagerungen werden aus dem Körper transportiert. Aufgrund der Sogwirkung des Vakuums wird die Blutzirkulation angeregt, alle Körperzellen werden mit neuer Energie versorgt. Schröpftechniken haben ihren Ursprung in der traditionellen chinesischen Medizin, in Europa wurde das Schröpfen bereits von Hippokrates angewendet.

Die richtige Ernährung bei Bluthochdruck

Die richtige Ernährung ist ein zentraler Baustein auf dem Weg zur Normalisierung des Blutdrucks. Gerade Übergewicht steht in einem engen Zusammenhang mit erhöhtem Bluthochdruck, schätzungsweise 50-60 % der Hypertoniker sind übergewichtig. Übergewichtigen Hypertonikern ist es also dringend angeraten, eine Reduktion des Körpergewichts anzustreben, da eine Verminderung des Gewichts meist zu einer erheblichen Senkung des Blutdrucks führt. Durchschnittlich wird pro reduziertem Kilogramm Körpergewicht eine Blutdrucksenkung um ein mm Hg erreicht. Mit Abnahme des Körpergewichts sinkt zudem nicht nur der Blutdruck, sondern auch das Risiko, einen Herzinfarkt oder Schlaganfall zu erleiden. Die richtige Ernährung bei Bluthochdruck ist also zum einen geeignet, evtl. bestehendes Übergewicht abzubauen, da ein zu hohes Körpergewicht ein gefährlicher Risikofaktor für die Entstehung von Bluthochdruck ist – zum anderen sollte eine blutdruckgesunde Ernährung aus möglichst vielen Nahrungsmitteln bestehen, welche den Blutdruck senken, während blutdrucksteigernde Lebensmittel möglichst vermieden werden sollen. Im Allgemeinen folgen die Ernährungsempfehlungen bei Bluthochdruck den Grundsätzen einer gesunden Ernährung, die für Jedermann geeignet ist. Diese Ernährungsratschläge sind im folgenden Kapitel dargestellt. Diese Prinzipien einer gesunden und abwechslungsreichen Ernährung sind zudem geeignet, Übergewicht abzubauen und auf diese Weise das Herz und die Gefäße zu schonen und zu entlasten. Generell empfehlenswert bei Bluthochdruck ist eine obst- und gemüsereiche, jedoch fett- und kochsalzarme Kost.

Gesunde Ernährung als Heilmittel

Die Nahrungsmittelpyramide

Die sogenannte Nahrungsmittelpyramide dient als Grundlage einer gesunden und ausgewogenen Ernährung: Die Basis der sogenannten Nahrungsmittelpyramide ist Wasser, getrunken über den ganzen Tag verteilt. Alle Organe benötigen für ihre vielfältigen Aufgaben Wasser, der Stoffwechsel kann nur bei genügender Flüssigkeitszufuhr seinen zahlreichen Funktionen nachkommen. Trinken wir zu wenig, ist die Blutzirkulation beeinträchtigt, Kreislaufprobleme bis hin zur Verwirrtheit sind die Folgen. Zweiter Teil der Nahrungsmittelpyramide stellt mit breiter Basis die Gemüse- und Obstabteilung dar. Gemüse und Obst versorgt unseren Körper mit ausreichend Vitaminen, Mineralstoffen, Spurenelementen und den so wichtigen sekundären Pflanzeninhaltsstoffen - bei gleichzeitiger Zufuhr von Ballaststoffen und niedriger kalorischer Belastung. Ein Verzehr von 5-10 Portionen Gemüse und Obst pro Tag wird als ideal angesehen. Die Pyramide verengt und verschmälert sich zunehmend: Als nächste Stufe finden wir die Kohlenhydrate, die unseren Körper mit Energie versorgen. Bevorzugt sollten Sie Vollkorngetreide verzehren, da dieses reich an Ballaststoffen sowie an Mineral- und Nährstoffen ist. Milch- und Milchprodukte - die nächste Stufe der Pyramide - wie Joghurt und Käse liefern unserem Körper an erster Stelle wertvolles Eiweiß, zudem sind Milchprodukte auch fleißige Calciumspender und sorgen für ein starkes Knochengerüst.

3-6 Portionen Milchprodukte sollten auf Ihrem täglichen Speiseplan stehen. Nur in Maßen sollten Sie dagegen Fleisch, Fisch und Eier verzehren. Aus der umfangreichen Palette dieser tierischen Lebensmittel sollten Sie dem Fisch Priorität einräumen, aufgrund der so wertvollen und vom Körper nicht selbst produzierten mehrfach ungesättigten Fettsäuren. Öle und Fette werden von unserem Körper ebenso aufgrund ihres hohen Gehalts an ungesättigten Fettsäuren benötigt, sie sollten jedoch wegen ihrer hohen Kaloriendichte nur sehr sparsam verwendet werden. Öle und Fette sorgen zudem für die Aufnahme von fettlöslichen Vitaminen. Die süßen Verführer wie Schokolade und Eiscreme sollten besonderen Anlässen vorbehalten sein und keineswegs täglich verzehrt werden. Das gleiche gilt für Knabbereien wie Chips und Flips sowie wie für süße Getränke.

Die 5er Regel

Die sogenannte 5er Regel ist spielend leicht in Ihren Alltag zu integrieren. Denn die 5er Regel besagt ganz einfach, dass Sie jeden Tag mindestens fünf Portionen (eine Portion entspricht einer Handvoll) Obst und Gemüse essen sollten – um eine optimale Wirkung für Ihre Gesundheit zu erzielen und um den Stoffwechsel zu aktivieren. Dies kann ganz ohne Zwang geschehen, denn die fünf Portionen sind ohne großen Aufwand in die Hauptmahlzeiten einzugliedern. Auch als Zwischenmahlzeit schmeckt das gesunde Bunt. Obst und Gemüse - möglichst vielfältig zubereitet – ist nicht nur kalorienarm, sondern versorgt unseren Körper zusätzlich mit wichtigen Inhaltsstoffen - und spielt so eine ganz wichtige Rolle in der Prävention ernährungsbedingter Krankheiten.

Gemüse und Obst möglichst frisch kaufen und gleich zubereiten

Der Vitamin- und Mineralstoffgehalt von Obst und Gemüse ist abhängig von der Frische und Qualität der entsprechenden Produkte. Daher ist es ratsam, beim Kauf von Obst und Gemüse dessen Frische und Qualität kritisch zu prüfen. Kaufen Sie Obst und Gemüse je nach Saison, und geben Sie heimischen Produkten den Vorzug. Denn ein unter Umständen wochenlanger Transport von Obst und Gemüse beeinträchtigt dessen Qualität stark, und ist zur Haltbarmachung oft starker chemischer Behandlung ausgesetzt. Zudem schmeckt Obst und Gemüse saisongerecht am besten: Im Frühjahr entwässert und verjüngt der königliche Spargel, im Sommer erfrischen Erdbeeren und Kirschen. Im Herbst munden Äpfel und Quitten, sie stärken das Immunsystem und bereiten den Körper auf den kommenden Winter vor. Und im Winter erfreuen schließlich die typischen Wintergemüse wie Grün- und Rosenkohl den Gaumen - und schenken in der kalten Jahreszeit dem Organismus neue Kräfte. Wenn Sie dann noch Obst und Gemüse aus biologischem Anbau in Ihre Einkaufstasche stecken, haben Sie alles richtig gemacht. Denn ökologisch produziertes Obst und Gemüse schont nicht nur unsere Umwelt, sondern enthält auch einen höheren Anteil an Vitaminen und Mineralstoffen, bei gleichzeitig geringerer chemischer Belastung.

Obst und Gemüse enthält wichtige Inhaltsstoffe für unsere Gesundheit

Gemüse und Obst leistet einen ganz wichtigen Beitrag zur Gesunderhaltung unseres Körpers. Das gesunde Bunt ist reich an sogenannten sekundären Pflanzeninhaltsstoffen. Diese hochwirksamen Helfer aus der Natur schützen unsere Gesundheit auf vielfältige Weise: So schützen Carotinoide in der Möhre unsere Gesundheit, ebenso Polyphenole in Trauben, Sulfide im Knoblauch und Terpene in Zitrusfrüchten. Wer regelmäßig diese bioaktiven Stoffe zu sich nimmt, schenkt seinem Körper neue Energie und senkt gleichzeitig sein Risiko, an Herz-Kreislauf-Erkrankungen, Krebs, Diabetes, sowie auch an simplen Erkältungen zu erkranken. Neben den sekundären Pflanzeninhaltsstoffen enthält frisches Obst und Gemüse natürlich auch noch jede Menge Vitamine und Mineralstoffe. Die ausreichende Zufuhr von Vitaminen ist deshalb so wichtig, da der Körper diese selbst nicht synthetisieren kann, diese aber lebenswichtige Funktionen in unserem Körper übernehmen - so stärken Vitamine unsere Nerven, sie unterstützen das Immunsystem und sorgen für eine intakte Funktion unseres gesamten Stoffwechsels. Gemüse und Obst ist auch deshalb als wichtiger Bestandteil unserer Ernährung zu empfehlen, weil es meist nur einen geringen kalorischen Gehalt besitzt. Gleichzeitig enthält es aber die so wertvollen Ballaststoffe, die doppelt positiv in Erscheinung treten:

Zum einen sorgen Ballaststoffe durch einen Volumenreiz für eine gesunde, natürliche Darmfunktion und Verdauung, zum anderen führen sie zu einer verminderten Aufnahme von Giftstoffen sowie zu einer vermehrten Ausscheidung von Toxinen. Durch den hohen Gehalt an Basen leisten Gemüse und Obst weiter einen wichtigen Beitrag für einen ausgeglichenen Säure-Basen-Haushalt und damit zur Gesunderhaltung unseres Körpers. Im Folgenden werden einige gesunde Gemüse- und Obstsorten genannt - die Liste erhebt jedoch keinerlei Anspruch auf Vollständigkeit.

Gemüse - Eine Auswahl gesunder Pflanzen

Aubergine, Blumenkohl, Bohne, Brokkoli, Chinakohl, Chicorée, Fenchel, Frühlingszwiebel, Grünkohl, Gurke, Karotte, Kartoffel, Knollensellerie, Kohlrabi, Lauch, Mangold, Melone, Okraschoten, Pastinake, Petersilienwurzel, Radieschen, Rettich, Rhabarber, Romanesco, Rote Beete, Rotkohl, Schalotte, Schwarzer Rettich, Schwarzwurzel, Spinat, Spitzkohl, Staudensellerie, Süßkartoffel, Tomate (roh), Topinambur, Wassermelone, Weißkohl, Wirsing, Zucchini, Zuckerschoten

Salat – Kalorienarmes Grün

Chinakohl, Chicorée, Eisbergsalat, Endivien, Kopfsalat, Lattich, Löwenzahn, Portulak, Radicchio, Rucola

Kräuter – Geschmackvolle Gewürze

Basilikum, Bohnenkraut, Brennnessel, Brunnenkresse, Chili, Curcuma, Dill, Fenchel, Ingwer, Kamille, Kardamom, Kerbel, Koriander, Kresse, Kreuzkümmel, Kümmel, Lavendel, Liebstöckel, Löwenzahn, Majoran, Melisse, Muskatnuss, Nelken, Oregano, Paprika, Petersilie, Pfeffer, Pfefferminze, Piment, Rosmarin, Safran, Salbei, Sauerampfer, Schachtelhalm, Schnittlauch, Schwarzkümmel, Thymian, Vanille, Zimt, Zitronenmelisse

Obst - Leckere Früchte

Ananas, Apfel, Aprikose, Avocado, Banane, Birne, Brombeere, Clementine, Cranberry, Dattel, Erdbeere, Feige, Granatapfel, Grapefruit, Guave, Heidelbeere, Himbeere, Johannisbeere, Kirsche, Kiwi, Limette, Litschi, Mandarine, Mango, Maracuja, Mirabelle, Nektarine, Olive (grün und schwarz), Orange, Papaya, Pfirsich, Pflaume, Preiselbeere, Quitte, Sanddornbeere, Stachelbeere, Sternfrucht, Weintraube, Zitrone, Zwetschge

Ein Apfel am Tag

Der Spruch „ein Apfel am Tag, und mit Ärzten keine Plag" ist nicht aus der Luft gegriffen, sondern birgt so viel Wahrheit. Nicht zu Unrecht ist der Apfel die mit Abstand beliebteste Frucht der Deutschen. Äpfel eignen sich insbesondere auch als immer griffbereites Lagerobst, das auch im Winter stets verfügbar ist. Über 30 Vitamine, Mineralstoffe und Spurenelemente sind in der heimischen Frucht gespeichert, nicht zu vergessen sind auch die wertvollen Flavonoide. Und in der gesunden Frucht steckt noch mehr Gutes. So enthalten Äpfel auch Pektin - ein natürlicher Bestandteil von Zellwänden - und Pektin senkt den Cholesterolspiegel, bindet Schadstoffe und führt gleichzeitig zu deren Ausschwemmung. Durch die Ausschwemmung von Schad- und Giftstoffen wird der Körper von Schlacken befreit und kann wieder neue Kräfte tanken. Da bis zu 70 % der Vitamine und Mineralstoffe in der Schale sitzen, sollte man Äpfel stets ungeschält genießen. Weil Äpfel aber leider oft sehr stark chemisch behandelt sind, ist es ganz wichtig, dass Sie diese gründlich waschen und abtrocknen. Und kaufen Sie am besten heimische Äpfel aus biologischem Anbau.

Grapefruit – Gesund mit der herben Frucht

Grapefruits gehören zu den gesündesten Obstsorten überhaupt, da sie über eine ganze Reihe wertvoller Inhaltsstoffe verfügen. So enthalten sie viel Vitamin C, welches dem Herz und dem Nervensystem zur Hilfe eilt, das Immunsystem stärkt und die Fettverbrennung in Gang setzt. Besonders hilfreich ist auch der Bitterstoff Naringin, welcher die Verdauung, insbesondere die Fettverdauung, in Schwung bringt. Außerdem regt der Bitterstoff die Magensaftproduktion an. Es empfiehlt sich, schon vor dem Frühstück eine Grapefruit zu löffeln - so stellt man bereits am Morgen einen Teil der Vitaminversorgung für den bevorstehenden Tag sicher. Wem die Frucht zu sauer ist, kann wahlweise die mildere Pink Grapefruit verwenden oder ein Glas mit Wasser verdünnten Grapefruitsaft trinken. Übrigens ist die Grapefruit eine Kreuzung aus Orange und Pampelmuse.

Kräuter - Kleine, aber feine Gewürze

Kräuter spielen eine wichtige Rolle im Rahmen einer gesundheitsbewussten Ernährung – sie regen den Stoffwechsel an und bringen somit den Körper in Schwung. Zudem reduzieren sie den Hunger, insbesondere auf Süßes, viele Kräuter haben zusätzlich eine entwässernde Wirkung. Bedingt durch ihren hohen Mineralstoffgehalt entfalten sie eine stark basische Wirkung. Auch getrocknete Kräuter dienen als Nährstofflieferanten, denn sie verlieren durch richtige Trocknung ihre Mineralstoffe nicht.

Besonders zu erwähnen sind Thymian, Dill, Majoran, Kümmel, Kresse, Estragon, Petersilie und weißer Pfeffer. Vergessen Sie also bei der Zubereitung Ihrer Speisen diese schmackhaften Helfer nicht - würzen diese doch geschmackvoller und intensiver als das gefährliche Salz und sind zudem gesund.

Smoothies – Ein wichtiger Beitrag für die Gesundheit

Exzellente Energiespender und Muntermacher sind Smoothies – da diese aus Rohkost bestehen, verfügen sie über einen hohen Gehalt an wertvollen Inhaltsstoffen. Für die Zubereitung der Smoothies wird Obst und Gemüse fein püriert – durch das feine Zerkleinern der Bestandteile können alle im Obst und Gemüse enthaltenen Vitamine, Mineralstoffe und sekundäre Pflanzeninhaltsstoffe optimal vom Körper aufgenommen werden. Durch die Verwendung der ganzen Frucht bzw. des kompletten Gemüses können – im Gegensatz zum Entsaften – alle Inhaltsstoffe, so z. B. auch Ballaststoffe, genutzt werden. Smoothies stellt man aus Obst und Gemüse her - Obst sollte wegen des besseren Geschmacks immer mit von der Partie sein. Wer gerne einen süßen und milden Geschmack mag, sollte auf jeden Fall reife Bananen, Datteln oder Feigen zugeben. Lecker schmecken Smoothies mit Äpfeln, Bananen, Erdbeeren, Himbeeren und Birnen - zur Geschmacksverfeinerung eignen sich frisch gepresster Orangen- oder Zitronensaft, echte Bourbonvanille, Minze, Zimt oder Ingwer.

Anfangs kann man auch einen ausschließlich aus Obst bestehenden Smoothie zubereiten, sehr gesund und köstlich ist bspw. ein Smoothie mit einem Beerenmix aus Brombeeren, Heidelbeeren und Johannisbeeren, dazu kann man Äpfel und Orangen geben. Sehr gesund und auch exotisch ist eine Smoothie-Variante aus Mango, Banane, Acerolafrucht, Gojibeeren und Äpfeln. Zur besseren Aufnahme der fettlöslichen Vitamine gibt man zum Smoothie außerdem eine kleine Menge Pflanzenöl, ferner stilles Wasser, um einen nicht zu dickflüssigen Smoothie zu erhalten. Alle Bestandteile werden in einem Mixer bis zur gewünschten Konsistenz püriert. Bei den Gemüsesorten ist Spinat der klare Favorit, aber auch alle anderen Gemüsesorten wie Gurken, grüne Paprika, Brokkoli oder Grünkohl können natürlich verwendet werden. Ein beliebter grüner Smoothie besteht beispielsweise aus Spinat, Grünkohl und Matcha-Tee. Smoothies sollten nach dem Zubereiten sofort getrunken werden.

Sprossen und Keimlinge - Basische Vitaminbomben

Frische Sprossen und Keimlinge gehören zu den besten Basenlieferanten, weshalb sie als wertvolle Ergänzung in Ihren täglichen Speiseplan aufgenommen werden sollten. Sprossen und Keimlinge sind hervorragend geeignet, um uns im Winter mit Vitaminen und Mineralstoffen zu versorgen.

In der kalten Jahreszeit, in der die meisten Gemüsesorten aus fernen Ländern oder dunklen Kellern stammen, können Sie die Sprossen ganz leicht und einfach auf der eigenen Fensterbank wachsen lassen, von welcher aus sie dann direkt auf Ihren Teller gelangen. Es ist kinderleicht, Sprossen zu ziehen, außerdem gibt es diese in Naturkostläden und mittlerweile auch in vielen gut sortierten Supermärkten zu kaufen. Die bekanntesten Sorten sind Amaranth, Bockshornklee, Quinoa sowie Mungobohnen und Sojasprossen.

Aus Großmutters Kochbuch - Alte Gemüsesorten neu entdeckt

Teilten sich alte Gemüsearten wie Pastinaken, Erdkohlrabi und Schwarzwurzeln in früheren Zeiten den Ruf des Arme-Leute-Essens und halfen, in Kriegszeiten zu überleben, so haben sie heute ihren großen Auftritt vor allem im Winter. Diese heimischen Gemüsesorten, die der Kälte trotzen, müssen nicht aus fernen Ländern eingeflogen werden und leisten so einen wertvollen Beitrag zum Umweltschutz. Da sie nicht um die halbe Welt transportiert werden müssen, sind Vitamine und Mineralstoffe noch weitgehend erhalten, außerdem sind sie kaum mit Pflanzenschutzmitteln behandelt. Die mitunter schrumpelig und knorzig ausschauenden Wurzeln liefern ein exzellentes Erlebnis für die Geschmackssinne und stärken gerade im Winter aufgrund ihrer wertvollen Inhaltsstoffe die Abwehrkräfte.

Die alten Gemüsesorten finden Sie kaum im üblichen Supermarktsortiment, kaufen Sie diese daher direkt vom Hof oder auf Bauernmärkten.

Meerrettich - Verdammt scharf und gesund

Das typische Wintergemüse ist nicht nur eine sehr pikante Delikatesse, sondern obendrein noch sehr gesund. So enthält Meerrettich doppelt so viel Vitamin C wie die Zitrone, ist also ein regelrechter Vitaminprotz. Dank seines hohen Anteils an natürlichen Senfölen, die auch für den scharfen Geschmack und das intensive Aroma verantwortlich sind, tötet Meerrettich alle Krankheitskeime ab. Aus diesem Grund hat der natürliche Bakterienkiller auch seinen Beinamen „Antibiotikum aus dem Garten" erhalten. Ein hoher Gehalt an den Mineralstoffen Calcium, Kalium und Magnesium bewirkt außerdem Schutz für Knochen, Nerven und Herz. Meerrettich schmeckt köstlich zu Fleisch und Fisch.

Kreuzblütler machen Krebszellen schwach

Kreuzblütler wie Brokkoli, Blumenkohl, Rosenkohl oder Grünkohl besitzen einen hohen Gehalt an Isothiocyanaten - der unaussprechliche Name steht für Inhaltsstoffe, die eine besonders gute Krebsschutzwirkung entfalten, vor allem gegen Blasen- und Bauchspeicheldrüsenkrebs. Isothiocyanate schützen Körperzellen vor Schäden im Erbgut und können sogar unkontrolliert wachsende Zellen vernichten. Daneben sind Kreuzblütler auch reich an Mineralstoffen und Vitaminen.

Bauen Sie diese Medizin aus der Natur öfters in Ihren Speiseplan ein und garen Sie das gesunde Gemüse nur kurz, um die wertvollen Inhaltsstoffe zu erhalten.

Aprikosen - Klein, aber oho

Aprikosen schmecken verführerisch und duften herrlich, haben aber noch mehr an wertvollen Inhaltsstoffen zu bieten. Durch den hohen Gehalt an natürlichen Carotinoiden beugen sie Krebserkrankungen vor, schützen auf natürliche Weise die Haut vor UV-Strahlung und verhindern Ablagerungen in den Arterien. Das reichlich enthaltene Vitamin B 5 (Niacin) stärkt unsere Nerven, Folsäure regt Blutbildung und Zellerneuerung an. Verzehrt man regelmäßig Aprikosen, wird die Haut glatter und praller.

Bananen - Basische Sattmacher

Die krumme Frucht ist ein regelrechter Powerspender. Denn Bananen enthalten jede Menge Magnesium und Kalium, die Herz, Muskeln und Nerven stärken. Außerdem steckt in Bananen auch das Glückshormon Serotonin, das uns auch an dunklen Tagen glücklich macht. Bananen enthalten wenig Fett, dafür aber sattmachende Ballaststoffe - so macht die basische Frucht satt, aber nicht dick und eignet sich mitunter sogar als Ersatz für eine komplette Mahlzeit. Bananen versorgen uns aufgrund ihrer kurzkettigen Kohlenhydrate rasch mit Energie und helfen wirksam gegen Heißhunger-Attacken.

Datteln – Süßer Leckerbissen für zwischendurch

Für Süßschnäbel bieten sich Datteln als gesunder Leckerbissen für zwischendurch an. Denn Datteln - die Frucht aus heißen, trockenen Ländern - sind zuckersüß und bieten gerade Naschkatzen eine gesunde Alternative zu Schokolade und Eis. Obwohl Datteln einen Zuckergehalt von ca. 70 % enthalten, sind sie trotzdem keine Dickmacher. Durch einen hohen Anteil an leicht verdaulichem Zucker und Eiweiß besitzen Datteln einen sehr hohen Nährwert und liefern zudem wichtige Mineralstoffe und Vitamine. Datteln sind also ein gesunder Snack und die bessere Alternative zu Schokolade und Bonbons.

Trauben - Geballte Gesundheit

Trauben schmecken nicht nur vorzüglich, sondern sind auch Alleskönner im Einsatz für unsere Gesundheit. So eignet sich beispielsweise eine Traubendiät hervorragend zur Gewichtsreduktion - vor allem im Herbst zur Erntezeit bietet sich eine Traubenkur an, die uns fit macht für die kalte Jahreszeit. Aber Trauben haben noch mehr zu bieten: Die Schalen der Trauben sind reich an Ballaststoffen, wodurch eine gesunde Verdauung gefördert wird. Trauben enthalten zudem große Mengen der Mineralstoffe Magnesium und Kalium. Und besonders rote Trauben enthalten Polyphenole, das sind Farbstoffe, die Herz und Kreislauf schützen. Trauben sollten Sie wegen der starken Belastung an Pflanzenschutzmittelrückständen jedoch ausschließlich aus kontrolliert-biologischem Anbau erwerben.

Die Basics für eine gesunde Ernährung

- Essen Sie möglichst abwechslungsreich.
- Nehmen Sie sich ausreichend Zeit zum Essen.
- Möglichst auf stark gebratene und frittierte Lebensmittel verzichten.
- Stattdessen gedünstete, gegarte oder gekochte Nahrung bevorzugen.
- Fertiggerichte und Fertigsuppen enthalten meist zahlreiche Zusatzstoffe (Konservierungsstoffe, Geschmacksverstärker, Salz usw.). Daher sind Fertiggerichte nach Möglichkeit vom Speiseplan zu verbannen.
- Versteckte Fette, die sich in großen Mengen in Fertiggerichten, Wurstwaren und in einigen Käsesorten befinden, sind zu umgehen.
- Zucker nur in kleinen Mengen verzehren. Torten, Schokolade und andere Süßigkeiten sollten den Speiseplan also nicht täglich „bereichern".
- Insgesamt frische, qualitativ hochwertige Nahrungsmittel bevorzugen. Die Nahrung sollte schonend und nährstofferhaltend zubereitet werden.
- Auf eine ausreichende Zufuhr von Ballaststoffen sollte geachtet werden.

- Schränken Sie den Konsum von Salz (Natriumchlorid) ein. Auch auf verstecktes Salz in Fertiggerichten, Konserven, Fast Food, Knabberartikeln, Fertigsuppen, Soßen, Würzmischungen, Brühwürfeln und Wurstwaren ist zu achten. Um die Nahrung schmackhaft zu gestalten, empfiehlt sich das Würzen mit Kräutern statt mit Salz. Beim Kauf von Mineralwasser sollte man natriumarmes Mineralwasser wählen. Generell erleichtert der Einsatz von frischer, selbst gekochter Kost die Einhaltung einer natriumreduzierten Ernährung.
- Wichtig ist eine ausreichende Flüssigkeitszufuhr von mindestens zwei Litern am Tag. Geeignete Durstlöscher sind stilles Mineralwasser, verdünnte Säfte (im Verhältnis 1:3 mit Wasser verdünnt) sowie Kräutertees.
- Qualitativ hochwertige, frische Nahrung liefert ein Optimum an Vitaminen, Mineralstoffen und Spurenelementen, bei gleichzeitig reduziertem Gehalt an Schadstoffen. Deshalb beim Kauf auf ökologische Produkte achten.
- Bei Getreideprodukten sollte auf Vollkornprodukte gesetzt werden.
- Vorzugsweise Pflanzenöle, die reich an ungesättigten Fettsäuren sind, verwenden. Dagegen auf gehärtete Brat- und Backfette sowie tierisches Schmalz verzichten.

Das Glyx-Prinzip - Gute und schlechte Kohlenhydrate

Ein ernährungsphysiologisch überaus populärer Ansatzpunkt ist die Unterscheidung zwischen guten und schlechten Kohlenhydraten, das sogenannte Glyx-Prinzip. Der Glyx bzw. glykämische Index (abgekürzt GI) ist ein Maß zur Bestimmung der Wirkung eines kohlenhydrathaltigen Lebensmittels auf den Blutzuckerspiegel. Der Glyx bezeichnet hierbei den Blutzuckeranstieg nach dem Essen und damit indirekt auch die Insulin-Reaktion des Körpers. Genauer ist er definiert als die relative Fläche unter der 2-Stunden-Blutzuckerkurve nach der Einnahme von 50 g Kohlenhydrate. Die blutzuckersteigernde Wirkung von Traubenzucker gilt hierbei als Referenzwert. Lebensmittel mit einem hohen GI führen zu einer starken Erhöhung des Blutzuckerspiegels, was anschließend zu einer starken Ausschüttung von Insulin führt. Deshalb wird von Befürwortern des Glyx-Prinzips postuliert, dass sich als Folge des Verzehrs von Lebensmitteln mit einem hohen GI etwa 2-4 Stunden nach dem Essen eine Unterversorgung mit Glucose ergibt.

Dies führe wiederum zu einem ausgeprägten Hungergefühl und rege somit die Aufnahme von Lebensmitteln an, die den Blutzucker schnell steigern, was zu einem Teufelskreis und schließlich zu Übergewicht führe. Deshalb sei die Umstellung auf Kohlenhydrate mit einem niedrigen glykämischen Index eine wichtige Maßnahme zur Bekämpfung von Übergewicht.

Kohlenhydrate mit einem niedrigen glykämischen Index, die sogenannten guten Kohlenhydrate, haben einen glykämischen Index von unter 50 und lassen den Blutzuckerspiegel nur langsam ansteigen. Entsprechend sorgen sie für ein lang anhaltendes Sättigungsgefühl. Gute Kohlenhydrate sind komplexe Kohlenhydrate mit genügend Ballaststoffen. Sie sind in Lebensmitteln wie Vollkornprodukten, Gemüse und Obst enthalten, diese Nahrungsprodukte dürfen somit reichlich verzehrt werden. Zu den schlechten Kohlenhydraten gehören verarbeitete Getreideprodukte wie Weißbrot, geschälter Reis und alle Arten von Süßigkeiten - logisch, dass man diesen Produkten die kalte Schulter zeigen sollte. Denn diese Nahrungsmittel bestehen aus Einfachzuckern (den sogenannten Monosacchariden), die den Insulinspiegel rasch in die Höhe schnellen lassen. Deren glykämischer Index liegt über 50.

Mittlerweile gibt es mehrere Diäten, die dem Glyx-Prinzip Bedeutung beimessen, wie zum Beispiel die Montignac-Methode, die Glyx-Diät und die Logi-Methode.

Kritiker des Glyx-Prinzips sagen jedoch zu Recht, dass dieses keine neue Erkenntnis sei, sondern lediglich alter Wein in neuen Schläuchen. Denn der Verzehr von Vollkornprodukten und viel Obst und Gemüse bei gleichzeitiger Einschränkung von Weißmehlprodukten und Süßigkeiten wird ja schon lange Zeit im Rahmen einer vollwertigen Ernährung und auch zur Gewichtsreduktion empfohlen. So winkt auch die Deutsche Gesellschaft für Ernährung beim Glyx-Prinzip eher ab und stellt vielmehr die These auf, dass nur die gesamte Energiebilanz über das Gewicht entscheidet. Zudem hängt der glykämische Index auch von der individuellen Stoffwechsellage ab, so lässt die gleiche Menge Kohlenhydrate nicht bei jeder Person den Insulinspiegel in die gleiche Höhe ansteigen. Hinzu kommt, dass man die glykämischen Indices der einzelnen Nahrungsmittel bei einer kompletten Mahlzeit nicht einfach addieren darf, ferner ändert sich der glykämische Index eines Nahrungsmittels, wenn es verarbeitet wird.

Gesunde Ernährung im Einklang mit der Natur

Im Laufe des Lebens haben sich die meisten von uns an verarbeitete Lebensmittel, Fertiggerichte, Süßigkeiten, Knabbereien, Snacks und nicht zu vergessen Alkohol und gesüßte Getränke gewöhnt. Ohne groß über gesundheitliche Folgen nachzudenken, wird morgens das vor Fett triefende Croissant als Frühstück verzehrt, dazu wird noch schnell ein Cappuccino geschlürft. Mittags dann gerne Pommes mit Mayo, nachmittags Kuchen mit Kaffee gegen die aufkommende Müdigkeit – dies ist vielfach der moderne Lifestyle. Warum behandelt oder besser gesagt misshandelt man den eigenen Körper auf diese Weise? Warum betreibt man derart Schindluder mit der eigenen Gesundheit? Man pflegt doch auch akribisch sein Auto, seine Klamotten, das Haus, das Inventar. Man macht Frühlings– und Herbstputz im Haus, verwendet hochwertige Reinigungsmittel und Polituren, achtet auf jeden Flecken und jeden Kratzer, um die Möbel und Teppiche möglichst lange zu erhalten. Wir gehen außerdem regelmäßig zum Friseur, zum Nagelstudio, pflegen weiter unsere Haut, die äußere Hülle, mit diversen Ampullen, Masken, Cremes und Seren. Warum nur vernachlässigen wir dann unseren Körper so sträflich, führen ihm schädliche und ungesunde Nahrung zu? Aus Nachlässigkeit, Bequemlichkeit, Gewohnheit, mangelndem Bewusstsein? Vermutlich aus einer Kombination von alledem.

Vielleicht auch, weil Nachlässigkeit bei Frisur und Fingernägeln sofort sichtbar werden, unser Körper aber lange schweigt und Vernachlässigung allzu lange und beharrlich duldet, bis die ersten Befindlichkeitsstörungen oder gar Krankheitszeichen auftreten. Aber es ist nie zu spät für eine Umstellung der Ernährung, hin zu einer gesunden Lebensweise. Wo ein Wille ist, ist bekanntlich stets auch ein Weg. So wie wir uns an fast food und Fertiggerichte gewöhnt haben, genauso gewöhnen wir uns an gesunde Nahrung – und zwar erstaunlich schnell.

Man ist, was man isst

Dieser Spruch des französischen Denkers Brillat-Savarin ist nicht etwa eine abgedroschene Phrase, sondern birgt so viel Wahrheit in sich. So ist das Körpergewicht, das wir mit uns schleppen, nicht nur Ausdruck eines guten oder schlechten Stoffwechsels, wie wir oft entschuldigend erklären - sondern zum Großteil Resultat unserer täglichen Ernährungsgewohnheiten. Und das schlechte und fahle Erscheinungsbild der Haut „verdanken" wir nicht nur schlechten Genen - sondern hauptsächlich ungesunder Ernährung oder gar dem Rauchen. Eine fortschreitende Vergesslichkeit ist nicht nur auf das Alter zurückzuführen - sondern möglicherweise auch auf einen erhöhten Konsum an Alkohol. Auch das Bierchen am Mittag und der Rotwein am Abend addieren sich.

Allzu leicht sind wir geneigt, unser Erscheinungsbild und unseren Gesundheitszustand auf schlechte Gene oder sonstige Umstände zurückzuführen.

Aber Krankheiten und Befindlichkeitsstörungen fallen nicht vom Himmel und suchen uns nicht immer schicksalshaft heim, sondern sind häufig hausgemacht. Auch Übergewicht kommt nicht über Nacht, sondern ist meist das Ergebnis jahrelanger Fehl- und Überernährung.

All dies können wir uns gar nicht oft genug vergegenwärtigen. Unsere Essgewohnheiten widerspiegeln mehr als uns oft bewusst ist, auch unsere Werte und unsere gesamte Lebenseinstellung. So verzichtet der Vegetarier meist nicht aus gesundheitlichen, sondern aus ethischen Gründen auf Fleisch, der Naturschützer kauft seine Lebensmittel im Bioladen, und der Menschenfreund achtet auf fair-trade-Kaffee. So kommen durch unsere Essgewohnheiten auch unsere Identität und unsere Werte zum Ausdruck. Verschiedene Kulturen und Gesellschaften haben ihre ganz eigenen Essgewohnheiten. Dem Hindu etwa ist die Kuh heilig, der Koreaner dagegen schätzt Hundefleisch. Und selbst was unsere direkten Nachbarn, die Franzosen, verspeisen, kommt vielen von uns abartig vor: Froschschenkel, Schweinshoden und ähnliche Animositäten. Und dass in Südostafrika gar Erde auf den Tisch kommt, sprengt bei weitem unsere Vorstellungskraft: anscheinend soll das Naturprodukt aber sogar geeignet sein, den Mineralstoffgehalt im Körper wieder auf Vordermann zu bringen.

Ernährung heute - Mangel im Überfluss

Eigentlich ernähre ich mich doch ganz gesund, werden Sie vielleicht sagen, verehrte Leserin und verehrter Leser. Wenn Sie Ihre Ernährungsgewohnheiten aber tatsächlich einmal genauer überdenken, werden Sie vielleicht eines Besseren belehrt: Morgens das Tässchen Kaffee zum Munterwerden, hier ein kleiner Schokoriegel zwischendurch, dort ein Stückchen Kuchen am Nachmittag beim Kaffeeklatsch bei der Tante, eine Zigarette gegen den Stress bei der Arbeit, und abends noch das Bier vor dem Schlafengehen. Und gegen die paar Erdnüsse auf der Couch vor dem Fernseher dürfte auch nichts einzuwenden sein. Das Mittagessen ist zwar ein Fertiggericht, aber immerhin verspricht die Verpackung einen kalorienreduzierten Genuss. Und dem zuckerhaltigen Getränk sind auch Vitamine zugesetzt. Nahrung ist in einem nicht mehr überschaubaren Überangebot verfügbar und wird im Übermaß konsumiert. Während früher die Nahrung karg war und Fleisch allenfalls als Sonntagsbraten auf dem Tisch landete, und Schokolade und Kuchen Festtagen vorbehalten blieben, gelten gerade auch ungesunde Nahrungsmittel wie Fleisch und Süßwaren heute nicht mehr als Besonderheit, sondern müssen als täglicher Gaumenkitzel dienen. Bei all dem Überfluss herrscht aber ein eklatanter Mangel, nämlich ein Mangel an Vitaminen und Mineralstoffen. Nahrungsmittel müssen billig und in Masse vorhanden sein. Dass dabei die Qualität leidet, darf nicht Wunder nehmen.

So ist das Hauptproblem neben dem Übermaß die mangelnde Güte der Nahrungsmittel. Wer gesunde, unbehandelte Nahrung kaufen will, muss oft schon den versteckten Bioladen um die Ecke aufsuchen, während die glänzenden Äpfel im Supermarkt zwar eine Augenweide darstellen, aber oft derart mit Pestiziden behandelt sind, dass sie fast schon mit einem Totenkopfsymbol versehen sein müssten. Vitamine und Mineralstoffe sind dagegen in diesem Designerobst kaum zu finden. Denn die Auslaugung der Böden führt zu einem Mangel der Nahrung an Mineralstoffen, gleichzeitig steigt die Schwermetallbelastung der Umwelt und damit auch die unserer Nahrungsmittel. Und wenn Sie auswärts im Restaurant speisen, sieht die Situation nicht viel anders aus: Schweinebraten und Rinderfilet stehen auf der Speisekarte, und hinter dem Tresen lockt die Kuchentheke - falls Sie dagegen nach biologischem Essen fragen sollten, wird man Sie möglicherweise wie einen Alien anschauen und erst gar nicht verstehen, was Sie meinen.

Ernährung damals - Unsere Vorfahren machten es richtig

Unsere Erbanlagen - die sich ja über Millionen von Jahren entwickelt haben - sind auf eine natürliche Ernährung angelegt, was der frühzeitlichen Ernährungsform gerecht wurde. Schon im Schöpfungsbericht der Bibel (Genesis 1, 29-31) sind die „Samen und Früchte" als Nahrungsquelle und als Privileg dem Menschen zugedacht. In mancherlei Hinsicht gleichen wir den Steinzeitvorfahren viel mehr als wir gemeinhin denken:

So ist unser Körper immer noch weitgehend auf pflanzliche, karge Nahrung eingestellt, die damals auf langen Wanderungen gesammelt oder gepflückt werden musste. Fleisch bedeutete für den Steinzeitmenschen dagegen eher die Ausnahme, da die Tiere mühsam bei der Jagd erbeutet und zerlegt werden mussten. Unsere steinzeitlichen Vorfahren verfügten auch weder über neuzeitliche Erfindungen wie Süßigkeiten und Kuchen, noch über Weißmehl und Nudeln. Stattdessen ernährten sie sich vorrangig von Pflanzen, Samen, Nüssen, Pilzen, Früchten, Wurzeln und anderen Pflanzenteilen. In schlechten Zeiten, in denen es wenig oder gar nichts zu essen gab, musste der Körper von seinen Fettdepots zehren - weshalb es auch sinnvoll war, Fettspeicher anzulegen. Auf diese Art der Ernährung sind unsere Erbanlagen und die Abläufe in unserem Körper teilweise noch immer angelegt.

Geschmack kann man trainieren

Was uns schmeckt, ist zum Großteil durch Erziehung und Gewohnheiten bestimmt - bereits im Mutterleib wird Geruch und Geschmack der von der Mutter konsumierten Speisen auf das Ungeborene übertragen. Davon profitiert die Nahrungsmittelindustrie, die unseren Gaumen an alle erdenklichen Zusatzstoffe und Geschmacksverstärker gewöhnt - der Kunde wird regelrecht süchtig nach Fertigprodukten und kauft diese immer und immer wieder. Unser Geschmackssensorium wird durch alle Arten von Aromastoffen überstimuliert und empfindet bei natürlicher Nahrung oft keinen ausreichenden Reiz mehr. Die positive Nachricht aber ist, dass das Geschmacksempfinden ausgetüftelt ist und sich auch wieder umtrainieren lässt. Versuchen Sie also, Ihren Geschmack nach und nach an unverfälschte Nahrung zu gewöhnen und erlernen und erleben Sie den Genuss naturnaher Kost.

Richtiges Kauen - Von den Kühen lernen

Auch von unseren tierischen Freunden, den Kühen, kann der Mensch noch einiges abschauen und lernen: etwa gründliches Kauen. Denn wer kaut heutzutage seine Nahrung noch gründlich und bewusst? Die wenigsten von uns nehmen sich doch Zeit zum genussvollen Essen. Morgens rasch die Stulle im Auto, das Mittagessen dann im Stehen, nachmittags den Apfel am Computer und den Schokoriegel am Telefon. Immer muss es schnell gehen, da bleibt kaum Zeit, Bissen für Bissen zu kauen. Statt zu essen schlingen wir regelrecht. Gründliches Kauen ist aber für die Vorbereitung und Verwertung unserer Nahrung immens wichtig. So wird durch Kauen und durch die Enzyme im Speichel bspw. das Brotstück bereits im Mund in seine einzelnen Bausteine zerlegt - vor allem in Stärke- und Zuckermoleküle. Da durch langsames Kauen die Zerlegung der Nahrung schon vorbereitet wird, treten Verdauungsbeschwerden wie Sodbrennen oder Blähungen seltener auf. Nicht zu Unrecht sagt der Volksmund „gut gekaut ist halb verdaut".

Und weil richtiges Kauen auch eine Wirkung auf die Insulinausschüttung und die -produktion hat, bedeutet anhaltendes Kauen letztlich sogar eine Vorbeugung gegen Diabetes und Übergewicht. Als Faustregel gilt, dass jeder Bissen 32 Mal gekaut werden sollte.

Wem das zu umständlich oder zu kompliziert ist, kann stattdessen auch so lange kauen, bis die Nahrung flüssig geworden ist.

Die richtige Ernährung als wichtige Säule einer blutdrucksenkenden Therapie

Die Ernährung ist ein fundamentaler Baustein in der Therapie des Bluthochdrucks. In vielen Fällen kann sich ein erhöhter Blutdruck allein durch die Umstellung der Ernährung normalisieren. Dies gilt vor allem, wenn die Blutdruckerhöhung nicht stark ausgeprägt ist bzw. wenn der hohe Blutdruck noch nicht lange besteht. Die einzelnen Komponenten einer blutdruckgesunden Ernährung haben wir schon kennengelernt, die Prinzipien sollen hier nochmals zusammengefasst werden. Die Ernährung sollte zu einem großen Teil aus frischem Gemüse und Obst bestehen. Obst und Gemüse liefert sekundäre Pflanzeninhaltsstoffe, Ballaststoffe, Mineralstoffe und Vitamine – diese Stoffe werden vom Körper benötigt, um den Blutdruck niedrig zu halten bzw. um einen erhöhten Blutdruck zu senken. Der benötigte hohe Anteil an Ballast- und Mineralstoffen wird auch durch den Verzehr von Vollkornbrot, Vollkornnudeln und Naturreis gedeckt. Fertiggerichte, Fertigsuppen und -soßen, Fast Food und Konserven sollten u. a. wegen des hohen Gehalts an Kochsalz nur selten gegessen werden. Das Gleiche gilt für Wurst, Käse, Fleisch – diese Nahrungsmittel weisen neben reichlich Salz einen hohen Gehalt an gesättigten Fettsäuren auf, weshalb sie im Rahmen einer herz- und blutdruckgesunden Ernährung nur sparsam eingesetzt werden sollten.

Pflanzliche Öle (z. B. Distelöl, Leinöl, Walnussöl) sind zu bevorzugen, weil sie einen hohen Gehalt an ungesättigten Fettsäuren aufweisen. Der Konsum von Salz ist stark einzuschränken, gewürzt wird stattdessen mit schmackhaften und gesunden Kräutern. Eine ausreichende Zufuhr von Kalium – dem Gegenspieler des Natriums im Kochsalz – erhält man durch ausgiebigen Verzehr von Gemüse und Obst. Weiterhin ist auf eine ausreichende Flüssigkeitsmenge von täglich zwei bis drei Litern zu achten. Die Getränke sollten kochsalz- und kalorienarm sein, es eignet sich natriumarmes Mineralwasser, weiter Kräuter- und Früchtetees und verdünnte Obstsäfte. Der Genuss von Alkohol sollte nur besonderen Gelegenheiten vorbehalten sein. Auch Süßigkeiten sollten nur ab und zu auf dem Speiseplan stehen.

Wie sieht es mit Kaffee aus?

Während man noch bis vor wenigen Jahren den Kaffeekonsum bei Bluthochdruck kritisch sah und zu entkoffeiniertem Kaffee riet, halten Experten heute einen Konsum von vier bis fünf Tassen pro Tag für unbedenklich. Der Genuss des Kaffees sollte idealerweise über den Tag verteilt werden, um Blutdruckspitzen zu vermeiden. Bei regelmäßigem Konsum von Kaffee fällt der Anstieg des Blutdrucks erfahrungsgemäß geringer aus und bereitet meist keine Probleme. Vorsicht walten lassen sollten jedoch Personen, die unter Herzrhythmusstörungen leiden, da diese Störungen durch den Konsum von Kaffee verstärkt auftreten können. Auch Hypertoniker, die einen sehr hohen Bluthochdruck haben, sowie ältere Menschen sollten beobachten, wie ihr Blutdruck auf den Konsum von Kaffee reagiert. Das gleiche gilt für Personen, die nur selten Kaffee trinken, hier kann der Blutdruck bis zu 20 mm Hg in die Höhe schnellen. Optimal ist es deswegen, den Blutdruck bisweilen nach dem Konsum von Kaffee zu messen, so bekommt man ein Gefühl dafür, wie stark der Blutdruck auf Kaffee reagiert.

Wer Kaffee nicht verträgt, kann versuchsweise auf Tee umsteigen. Im Unterschied zu Kaffee ist das Coffein im Tee wesentlicher verträglicher und auch von länger anhaltender Wirkung. Die hohe Verträglichkeit des Coffeins im Tee kommt durch die Bindung des Coffeins an Catechine und an L-Theanin zustande, Coffein wird hier nur langsam aus dieser Bindung entlassen, und kann so länger und anhaltender wirken. Panikattacken und nervöse Beschwerden, wie sie oft durch das Coffein im Kaffee ausgelöst werden, treten beim Trinken von Tee kaum auf. Die Coffeinwirkung tritt hier nicht plötzlich und schlagartig ein, sondern langsam, angenehm und subtil (vgl. hierzu auch das Kapitel „Matcha – Japanischer Wundertee gegen Bluthochdruck").

Einige neuere Studien gehen sogar davon aus, dass regelmäßiger Konsum von Kaffee das Risiko für einen Herzinfarkt oder einen Hirnschlag vermindert – und dass Kaffeekonsum zwar kurzfristig den Blutdruck steigere, langfristig der Blutdruck jedoch, ähnlich wie beim Sport, gesenkt werde. Genaue Bestätigungen dieser These werden jedoch noch in Zukunft zu erbringen sein.

Erhöhte Kochsalzaufnahme fördert Bluthochdruck

Salz: Früher kostbar - Heute Gift in unserer Nahrung

Salz - das vermag man sich heutzutage kaum noch vorstellen - war früher so wertvoll und teuer, dass es auch als „weißes Gold" bezeichnet wurde. Als lebensnotwendiger Mineralstoff, als Geschmackskorrigens und als Konservierungsmittel war es eines der wichtigsten Handelsgüter im Mittelalter, das wegen seines astronomischen Preises jedoch ganz sparsam verwendet werden musste. Heutzutage dagegen ist Kochsalz - das eigentlich die exakte Bezeichnung Natriumchlorid trägt - ein spottbilliger Allerweltsartikel. Und so lebensnotwendig Salz ist, so schädlich ist es auch in zu hohen Mengen, in denen es im Allgemeinen konsumiert wird. So wird die maximal empfohlene Zufuhr von drei bis vier Gramm Kochsalz pro Tag durch ungesunde und salzreiche Ernährung oft um ein Vielfaches überschritten - allein durch Fertiggerichte nehmen viele Menschen oft schon bis zu 20 g Kochsalz zu sich. Während durchschnittlich 1,5 g Kochsalz pro Tag ausreichend sind, beträgt die mittlere aufgenommene Dosis etwa 10 g – wobei auch diese Dosen oftmals noch weit überschritten werden (siehe oben). In Form von Tütensuppen, Dosengerichten, Konserven, Soßen und Suppen nehmen wir riesige Mengen Salz in versteckter Form zu uns, ohne uns dessen überhaupt bewusst zu sein.

Auch viele Brotsorten, Wurst und Käse - Nahrungsmittel, die oft eine komplette Mahlzeit darstellen - gehören zu den salzigen Sünden. Dazu kommt natürlich noch der tägliche Griff zum Salzstreuer - für viele ein Ritual wie das Zähneputzen. Häufig wird sogar schon ordentlich nachgesalzen, noch ehe die Mahlzeit überhaupt gekostet wurde. Aber was ist denn überhaupt so gefährlich am Salz? Immerhin ist Natriumchlorid doch ein lebenswichtiges Mineral, das eine bedeutsame Rolle für den Wasserhaushalt, das Nervensystem, die Verdauung und den Knochenaufbau spielt. Ich will Ihnen sagen, was die schädliche Wirkung des Salzes ausmacht. Für jedes Gramm Salz, das dem Körper mehr als benötigt zugeführt wird, braucht der Körper - um nicht der sofortigen Salzvergiftung zu erliegen - tatsächlich die 23fache (!) Menge Wasser, um den lästigen Eindringling zu binden und zu isolieren. Dafür verbraucht der Körper jedoch nicht irgendein Wasser, sondern unsere wertvollste Flüssigkeit, das Zellwasser. Weil sich Salz im Laufe der Zeit meist in der unteren Hälfte des Körpers ansammelt, sendet dieser das Zellwasser insbesondere dorthin, so dass bspw. die charakteristischen dicken Beine die Folge sind. Ein dauerhaft hoher Salzkonsum steigert außerdem die Wassermenge im Körper und damit das Gewicht. Im schlimmsten Fall kann ein übermäßig hoher Salzkonsum auch zu einer Schädigung der Nierenfunktion führen. Der Zusammenhang zwischen Bluthochdruck und Kochsalzaufnahme wird dagegen noch immer kontrovers diskutiert.

Die Rolle des Natriums bei der Entstehung von Bluthochdruck ist möglicherweise komplexer als bislang vermutet. Man weiß jedoch inzwischen sicher, dass ein erhöhter Kochsalzkonsum bei manchen Menschen den Blutdruck erhöht (sogenannte kochsalzsensitive Menschen), bei anderen Menschen dagegen nicht (kochsalzresistente Menschen). Naturgemäß sind kochsalzsensitive Menschen denn auch besonders empfänglich für kochsalzbedingten Bluthochdruck. Weiter steht fest, dass bei Bluthochdruckpatienten der Anteil der Kochsalzsensitiven bei der Hälfte liegt, während bei der Normalbevölkerung der Prozentsatz der Kochsalzsensitiven nur bei einem Drittel liegt. Das im Kochsalz enthaltene Natrium bestimmt als dominierendes Kation der extrazellulären Flüssigkeit deren Volumen sowie den osmotischen Druck. Eine erhöhte Natriumaufnahme erhöht das extrazelluläre Volumen und damit den Blutdruck. Die Gründe für die überhöhte Kochsalzaufnahme sind dagegen vielfältig und wurden zum Teil auch schon angesprochen. Zum einen wird immer weniger zu Hause gekocht, stattdessen stehen Fertiggerichte und Restaurantbesuche auf dem Plan. Weiterhin greifen viele Menschen schon gewohnheitsmäßig zum Salzstreuer, noch ehe sie das Essen überhaupt probiert haben. Nicht vergessen werden darf auch, dass die deutsche Küche traditionell salzreich ist – während in vielen Ländern zum Würzen frische Kräuter verwendet werden, stehen in Deutschland Salz (und Pfeffer) ganz oben auf der Liste der Würzsubstanzen.

Hier findet erst allmählich ein Umdenken statt, nach und nach wird hierzulande zum Würzen auch mehr zu Kräutern anstatt zu Salz gegriffen. Aber nicht nur Natriumchlorid (Kochsalz) enthält Natrium und steigert dadurch den Blutdruck, auch andere Würzmittel wie der berüchtigte Geschmacksverstärker Natriumglutamat enthalten Natrium und belasten damit Blutdruck und Herz. Natriumglutamat, das sich aufgrund des sogenannten „China-Restaurant-Syndroms" einen zweifelhaften Namen gemacht hat, ist sowohl natürlicherweise in vielen Nahrungsmitteln enthalten, als auch bspw. in Fertiggerichten, Gewürzmischungen und Soßen. Natriumsalze sind in Form von Natriumnitrit und Natriumnitrat auch Bestandteil von Pökelsalzen (Pökelsalz besteht heutzutage aus Natriumchlorid und 0,4 bis 0,5 % Natriumnitrit bzw. Natriumnitrat). Pökelsalze dienen zum einen zur Konservierung von Wurst- und Fleischwaren, zum anderen werden sie zum sog. „Umröten" dieser Waren (so wird das „Vergrauen" der Ware unter dem Einfluss von Licht und Sauerstoff verhindert) eingesetzt. Weiter kann auch Schmelzsalz (z. B. in Schmelzkäse enthalten) Natrium enthalten. Da der Großteil des aufgenommenen Salzes aus Fertigprodukten stammt, ist besondere Vorsicht beim Verzehr von salzreichen verarbeiteten Lebensmitteln walten zu lassen.

Zu den salzreichen Lebensmitteln gehören:
- Fertigsoßen
- Fertigsuppen
- Bouillonwürfel
- Gewürzmischungen
- Salatsoßen
- Ketchup
- Gemüsekonserven
- Fischkonserven
- Croutons
- Brot, Brötchen
- Salzige Snacks wie Salzbrezel, Kartoffelchips, Crackers
- Käse (v. a. Schmelzkäse, Brie und andere salzhaltige Käsesorten)
- Oliven
- Mixed Pickles
- Dosengerichte
- Fertiggerichte
- Fertigpizza
- Sardellen, Heringe und Thunfisch in der Dose
- Räucherfisch
- Wurst (v. a. Salami, Pökelwurst, Aufschnitt)
- Pökelfleisch
- Gesalzene Butter
- Natriumreiches Mineralwasser

Vorgefertigte Nahrung und Fertigprodukte – Nicht nur Salz macht sie ungesund

Der moderne Mensch greift aus scheinbarem Zeitmangel immer mehr zu vorgefertigter Nahrung und Fertigprodukten. Die lecker aussehende Fertignahrung aus Tiefkühltruhen und Regalen ist zwar oft eine Augenweide, hat aber, was den Nährstoffgehalt betrifft, nicht viel zu bieten: Solche Nahrungsmittel werden durch chemische, mechanische oder thermische Verarbeitung stark in ihrer ursprünglichen Zusammensetzung verändert. Immer mehr entfernt sich das verarbeitete Produkt von seinem Ursprung, und in den seltensten Fällen wird es durch die Verarbeitung wertvoller: So werden durch eine ungünstige Verarbeitung von Lebensmitteln beispielsweise häufig Vitamine, Mineralstoffe oder Ballaststoffe entzogen, was zu einer Mangelversorgung führen kann.

Würzen mit Kräutern – Da freut sich der Blutdruck

Kräuter spielen eine wichtige Rolle in der gesunden Küche – sie regen den Stoffwechsel an und beschleunigen die Fettverbrennung. Zudem reduzieren sie den Hunger, insbesondere auf Süßes, viele Kräuter haben zusätzlich eine entwässernde Wirkung. Bedingt durch ihren hohen Mineralstoffgehalt entfalten sie eine stark basische Wirkung. Auch getrocknete Kräuter dienen als Nährstofflieferanten, denn sie verlieren bei richtiger Trocknung ihre Mineralstoffe nicht.

Besonders zu erwähnen sind Thymian, Dill, Majoran, Kümmel, Kresse, Estragon, Petersilie und weißer Pfeffer. Vergessen Sie also bei der Zubereitung Ihrer Speisen diese schmackhaften Helfer nicht - würzen diese doch geschmackvoller und intensiver als das gefährliche Salz und sind zudem gesund. Weitere Kräuter sind Basilikum, Bohnenkraut, Brennnessel, Brunnenkresse, Chili, Dill, Fenchel, Ingwer, Kardamom, Kerbel, Koriander, Kresse, Kreuzkümmel, Kümmel, Kurkuma, Lavendel, Liebstöckel, Löwenzahn, Majoran, Melisse, Muskatnuss, Nelken, Oregano, Paprika, Petersilie, Pfeffer, Pfefferminze, Piment, Rosmarin, Safran, Salbei, Sauerampfer, Schachtelhalm, Schnittlauch, Schwarzkümmel, Zitronenmelisse.

Welches Mineralwasser ist besonders gesund?

Wichtig ist, dass Sie nur Mineralwasser kaufen, bei dem alle Inhaltsstoffe genau deklariert sind. Vor allem ist auf einen niedrigen Natriumgehalt von unter 200 mg/Liter zu achten - ein Zuviel an Natrium ist für Bluthochdruck mitverantwortlich - Kalium dagegen sollte in etwa in der zehnfachen Menge wie Natrium enthalten sein. Auch die Nitratkonzentration sollte möglichst niedrig sein, mit Werten unter 10 mg/Liter. Ansonsten sollte ein ausgewogenes Verhältnis der Mineralstoffe vorliegen. Man sollte aber keinesfalls davon ausgehen, den Tagesbedarf an Mineralstoffen mittels Mineralwasser decken zu können, da die Mineralstoffe im Mineralwasser oft in schwerlöslicher, vom Körper nicht optimal zu verwertender Form vorliegen. Je nach Trinkwasser gibt es zwar auch hier Unterschiede, die aber gerade für den Laien nicht ohne weiteres erkennbar sind.

Kochsalzarme Ernährung – Wichtig für Herz und Blutdruck

Das A und O einer kochsalzarmen Ernährung ist das konsequente Vermeiden von Fertiggerichten und das Würzen mit Kräutern anstatt mit Salz. Statt industriell hergestellter Nahrung sollte man unverarbeitete und möglichst unverfälschte Lebensmittel zu sich nehmen. Daher sollte man nach Möglichkeit selbst kochen und backen und dabei wenig Salz als Geschmacksverstärker verwenden. Auch das Nachsalzen am Tisch sollte vermieden werden. Meiden Sie insbesondere stark salzhaltige Lebensmittel wie Konserven, gepökelte und geräucherte Fleisch-, Wurst- und Fischwaren sowie Salzgebäck. Verwenden Sie immer die kochsalzärmere Variante, also Pell- statt Bratkartoffeln, Kräuterquark statt Schnittkäse, gegrillten Fisch statt Räucher- oder Dosenfisch. Beim Kauf von Lebensmitteln sollten Sie auf den Natriumgehalt der Nahrungsmittel achten, der auf der Inhaltsangabe angegeben ist. Kaufen Sie nach Möglichkeit frische und unbehandelte Lebensmittel. Wenn Sie auswärts essen gehen, können Sie um wenig gesalzene Speisen bitten. Essen Sie regelmäßig in einer Kantine, sollten Sie das Küchenpersonal darauf aufmerksam machen, dass Sie salzarm essen möchten.

Kalium – Natürlicher Gegenspieler des Natriums

Kalium ist der natürliche Gegenspieler des Natriums, insbesondere ein Ungleichgewicht der beiden Mineralstoffe (Aufnahme von zu viel Natrium bei gleichzeitiger Aufnahme von zu wenig Kalium) wirkt sich ungünstig auf den Blutdruck aus. Aus diesem Grund ist eine ausgeglichene Balance zwischen beiden Stoffen erforderlich. Während Natrium im extrazellulären Raum dominierend ist, beherrscht Kalium den intrazellulären Raum. Kalium erhöht die Natriumausscheidung, es stabilisiert die Herzfunktion und aktiviert den Herzmuskel und beugt so Herzrhythmusstörungen vor. Zusätzlich wirkt Kalium entspannend auf die Gefäße und senkt auf diese Weise den Blutdruck. Weiter ist Kalium an der Weiterleitung von elektrischen Impulsen an Nerven- und Muskelzellen beteiligt. Der tägliche Kaliumbedarf für Erwachsene liegt bei etwa 2 g, Hypertoniker sollten jedoch 3 g Kalium zu sich nehmen. Normalerweise ist durch eine ausgewogene Ernährung eine ausreichende Versorgung mit Kalium gewährleistet. Ein Kaliummangel kann insbesondere bei der Einnahme bestimmter Medikamente, v. a. von Diuretika (Entwässerungsmitteln), ACE-Hemmern (bestimmte Gruppe blutdrucksenkender Medikamente) sowie Abführmitteln eintreten. Auch Magen-Darm-Erkrankungen mit starkem Erbrechen oder Durchfall können zu einem Kaliummangel führen. Ferner können Essstörungen wie Bulimie einen Kaliummangel herbeiführen.

Auch übermäßiger Alkoholkonsum, starkes Schwitzen sowie gesteigerter Konsum von Kochsalz kann einen Kaliummangel verursachen. Kalium ist v. a. in pflanzlichen Lebensmitteln wie Gemüse (Kartoffeln, Kohl, Sellerie, Spinat, Champignons), Obst (Trockenobst, Aprikosen, Bananen, Datteln, Himbeeren, Holunder, Johannisbeeren), Hülsenfrüchten (Bohnen, Erbsen) und Getreide enthalten. Auch Weizenkleie und Nüsse verfügen über einen hohen Kaliumgehalt. Beim Kochen von Gemüse und Obst entweicht dieses in das Kochwasser, weshalb diese Nahrungsmittel vorzugsweise nur mit wenig Wasser gedünstet werden sollten. Kochwasser, das reichlich Kalium enthält, können Sie als Grundlage für Suppen oder Soßen verwenden.

Spezielle Medikamente gegen Kaliummangel sollten allerdings nur nach ärztlicher Rücksprache eingenommen werden.

Weitere Mineralstoffe und Vitamine im Kampf gegen Bluthochdruck

Gerade in Phasen von chronischen Erkrankungen sowie von starker geistiger, psychischer und körperlicher Belastung steigt der Bedarf an bestimmten Vitaminen und Mineralstoffen an. Umgekehrt sind indes in Zeiten von Erkrankung und Erschöpfung nicht selten die Mineralstoff- und Vitaminspeicher im Körper erschöpft und müssen daher wieder neu aufgefüllt werden. Das Dilemma dabei ist, dass in unserer hektischen Zeit zwar der Bedarf an Vitaminen und Mineralstoffen ansteigt, der Gehalt an diesen wichtigen Stoffen in unseren Nahrungsmitteln dagegen immer weiter abnimmt. Grund dafür ist zum einen die Auslaugung der Böden, die zu einem Mangel der Böden an Mineralstoffen führt – als Folge sind im Getreide dann auch kaum noch Mineralstoffe zu finden. Zum anderen sind in chemisch behandeltem Designerobst nur noch spärlich Vitamine und Mineralstoffe zu finden – zumal wenn das Obst und Gemüse durch die halbe Welt transportiert wird und dabei große Einbußen an Vitaminen und Mineralstoffen erfolgen. Durch Kochen sowie durch ungeeignete und zu lange Lagerung werden zudem gerade die empfindlichen Vitamine oft komplett zerstört. Hinzu kommt, dass die meisten Menschen nicht genügend Nahrungsmittel, die über ausreichend Vitamine und Mineralstoffe verfügen, essen – sondern eher zu Weißmehlprodukten, Fertiggerichten oder Süßigkeiten greifen. Deshalb ist es gerade in Zeiten von Krankheit, Erschöpfung und Stress wichtig, dem Körper geeignete Nahrung zuzuführen.

Magnesium – Stark gegen Stress

Magnesium ist ein lebenswichtiger Mineralstoff, der an über 300 verschiedenen enzymaktiven Stoffwechselvorgängen beteiligt ist. Jeder energieabhängige Prozess in unserem Körper – von der Muskelbewegung bis zur Leistung aller Organe – ist auf Magnesium angewiesen. Die bekannteste Aufgabe von Magnesium ist sicherlich die Aufrechterhaltung einer vitalen Muskelfunktion (einschließlich der Funktion des Herzmuskels), darüber hinaus spielt Magnesium aber auch eine wichtige Rolle für die Bewahrung eines gesunden Nervensystems. Nur eine ausreichende Zufuhr von Magnesium kann eine störungsfreie Regulation der Erregungsleitung sicherstellen Bei Vorliegen eines Magnesiummangels kann der Stoffwechsel und somit auch die Übertragung der Reize nicht optimal funktionieren. Darüber hinaus wird Magnesium für die Aufrechterhaltung des Elektrolythaushalts benötigt. Aufgrund ungünstiger Ernährungsgewohnheiten, veränderter Anbau- und Düngungsmethoden (Stichwort Intensivlandwirtschaft) sowie Lebensmittelverarbeitungsprozessen ist eine ausreichende Versorgung unseres Körpers mit Magnesium vielfach nicht mehr gewährleistet. So führt zum einen die zunehmende Auslaugung der Böden zu einem Mangel an Mineralstoffen in der Nahrung, zum anderen sind Weißmehlprodukte arm an Mineralstoffen und Vitaminen.

Magnesium ist zum größten Teil in der Keimschale des Getreides enthalten, welche bei der Produktion von Weißmehl entfernt wird. Weiter wird ohnehin nur 35 bis 55 % des mit der Nahrung aufgenommenen Magnesiums vom Körper resorbiert, bei fettreicher Nahrung ist die Aufnahme von Magnesium durch den Körper noch weiter reduziert. Ein Magnesiummangel kann auch durch mangelnde Resorption von Magnesium im Darm entstehen (z. B. bei Verdauungsproblemen oder Durchfall), bei entzündlichen Darmerkrankungen (z. B. Morbus Crohn oder Colitis ulzerosa) oder durch vermehrte Ausscheidung mit dem Urin oder Stuhl (z. B. bei Gabe von Diuretika = Entwässerungsmittel oder von Laxantien = Abführmittel). Eine gesteigerte Ausscheidung von Magnesium über den Urin wird auch bei erhöhtem Alkoholkonsum oder bei Vorliegen von Diabetes mellitus beobachtet. Zudem benötigt der Körper in Zeiten von Stress und hoher Leistungsfähigkeit mehr Magnesium – je mehr wir leisten müssen und je mehr wir unter Stress stehen, umso mehr Magnesium brauchen wir. Nicht zu Unrecht wird Magnesium deshalb auch als das „Salz der inneren Ruhe" bezeichnet – das übererregte Nervensystem wird bei Gabe von ausreichend Magnesium beruhigt, die Stressanfälligkeit geht somit zurück. Denn Magnesium beeinflusst u. a. die Produktion von Stresshormonen – liegt ein Mangel an Magnesium vor, werden vermehrt Stresshormone produziert.

Die übermäßige Produktion von Stresshormonen führt wiederum zur Anregung des aktivierenden Teils des Nervensystems, des Sympathikus. Dadurch kommt es zur Steigerung der Herzfrequenz, worauf der Blutdruck deutlich ansteigt. Stresshormone führen auch zur Engstellung der Gefäße, was wiederum den Blutdruck in die Höhe schnellen lässt. Ein Mangel an Magnesium führt außerdem häufig zu Herzrhythmusstörungen wie Herzklopfen oder Herzstolpern. Als basischer Mineralstoff neutralisiert Magnesium überdies einen Säureüberschuss im Körper – auch dies wirkt der Entstehung von Bluthochdruck entgegen. Ferner können bei Aufnahme von genügend Magnesium die Blutgefäße entspannt und erweitert werden, auch der Entstehung von Arteriosklerose wird vorgebeugt – gibt man ausreichend Magnesium, können auch die Gefäße wieder „locker lassen". Magnesium wird ferner für die Aktivität eines Enzyms benötigt, das den Gehalt des LDL, des „schlechten" Cholesterins, senkt. Außerdem kann die Gabe von ausreichend Magnesium auch vor Übergewicht und infolgedessen ebenfalls vor Bluthochdruck bewahren. Der Grund liegt darin, dass Fettsäuren nur bei zuverlässiger Wirkung aller Enzyme, an deren Funktion auch Magnesium beteiligt ist, in die Mitochondrien – diese werden auch als Kraftwerke der Zellen bezeichnet – transportiert werden, wo die Fettsäuren in Energie umgewandelt werden. Ein Mangel an Magnesium begünstigt dagegen auch einen hohen Blutzuckerspiegel.

Ein zu hoher Blutzuckerspiegel fördert wiederum die Einlagerung von übermäßig vorhandener Glucose in Form von Fett. Außerdem blockiert Magnesium ein bestimmtes Dickmacher-Gen – bei nicht ausreichend vorhandenem Magnesium können sich so die unangenehmen Folgen des Dickmacher-Gens schnell bemerkbar machen. Eine ausreichende Zufuhr von Magnesium kann hauptsächlich durch den Verzehr von pflanzlicher Nahrung sowie von Vollkornprodukten sichergestellt werden. Pflanzliche Nahrungsmittel mit einem hohen Magnesiumgehalt sind bspw. Nüsse und Saaten, z. B. Mandeln, Sonnenblumenkerne und Kürbiskerne. Auch Sprossen verfügen über einen hohen Magnesiumgehalt, ferner Weizenkeime, Hirse, Haferflocken, Amaranth und Quinoa. Einen hohen Magnesiumgehalt besitzen auch Hülsenfrüchte, z. B. Sojabohnen und Kichererbsen. Über viel Magnesium verfügen weiter Meerrettich, Kartoffeln, Spinat, Himbeeren, Bananen und Ananas. Äpfel sind ebenfalls reich an Magnesium. Ein vorliegender Magnesiummangel kann auch durch die Gabe von geeigneten Magnesiumpräparaten ausgeglichen werden. Wichtig ist, dass man beim Kauf eines Magnesiumpräparats darauf achtet, dass die Magnesiumverbindung als organisches Salz vorliegt, z. B. als Magnesiumcitrat, -aspartat oder -orotat.

Organische Magnesiumverbindungen werden im Vergleich zu anorganischen Magnesiumverbindungen vom Körper besser resorbiert, während anorganische Magnesiumverbindungen (z. B. Magnesiumoxid, Magnesiumcarbonat) schwer löslich sind und vom Körper schlecht aufgenommen werden. Bei Vorliegen von Bluthochdruck und Herz-Kreislauf-Erkrankungen empfiehlt sich insbesondere die Gabe von Magnesiumorotat, da Orotsäure noch eine zusätzliche herz- und gefäßschützende Komponente aufweist. Bei unzureichender Funktion der Nieren sollte die Gabe von Magnesiumpräparaten vermieden werden.

Vitamin D – Sonderstellung unter den Vitaminen

Lange Zeit wurde Vitamin D nur als Knochenvitamin gerühmt, in letzter Zeit weiß man aber auch um dessen entscheidende Rolle für Vitalität und Leistungsfähigkeit sowie für das Immunsystem (auch zur Vorbeugung von verschiedenen Krebsarten wie Darm- und Brustkrebs) Bescheid. So kann es bei einem Mangel von Vitamin D – und ein Mangel liegt bei einem Großteil der Bevölkerung vor – zu ausgeprägter Müdigkeit, Kraftlosigkeit, Schwung- und Antriebslosigkeit kommen. Substituiert man dagegen Vitamin D, kommt es oft schon nach kurzer Zeit zu mehr Vitalität, während die bleierne Müdigkeit nachlässt. Auch die positive Wirkung von Vitamin D auf den Blutdruck ist mittlerweile nachgewiesen – so ergaben Studien, dass die Blutgefäße bei Menschen mit niedrigem Vitamin-D-Spiegel weniger elastisch und flexibel sind. Die Blutdruck senkende Wirkung von Vitamin D liegt auch darin begründet, dass Vitamin D die Aktivität bestimmter Botenstoffe, die den Blutdruck erhöhen (z. B. Angiotension II), hemmt. Vitamin D ermöglicht auch die Resorption von Calcium aus dem Darm – und Calcium ist wiederum für einen ausgeglichenen Säure-Basen-Haushalt sowie zur Vorbeugung von Arteriosklerose vonnöten. Vitamin D nimmt unter den Vitaminen eine Sonderstellung ein.

Denn genau genommen ist es gar kein Vitamin, da es – im Gegensatz zur Definition von Vitaminen – im Körper selbst produziert werden kann, und zwar aus Vitamin-D-Vorstufen. Bei ausreichender Sonneneinstrahlung (UV-B-Strahlung) kann Vitamin D aus den entsprechenden Vorstufen in der Haut gebildet werden. Gerade in den Wintermonaten reicht die Sonneneinstrahlung jedoch nicht für die Bildung von genügend Vitamin D aus. Und selbst in den Sommermonaten ist die nötige UV-Strahlung oft nicht gewährleistet, da wir auch im Sommer einen Großteil unserer Zeit in geschlossenen Räumen verbringen – und gehen wir dann in die Sonne, schützen wir unsere Haut häufig durch Kleidung oder Sonnencreme vor der gefährlichen UV-Strahlung. Hinzu kommt noch, dass mit zunehmendem Alter die natürliche Vitamin-D-Synthese nachlässt. So kommt es, dass schätzungsweise 80 % der Bevölkerung einen Vitamin-D-Mangel aufweist.

Es ist zwar möglich, einen Teil des Vitamin-D-Bedarfs über die Nahrung zu decken, dieser Anteil spielt jedoch nur eine untergeordnete Rolle - zudem enthalten nur wenige Nahrungsmittel Vitamin D (z. B. fette Meeresfische wie Sardinen, weiter Avocados, Pilze und Eier). Aus diesem Grund empfiehlt es sich, gerade in der lichtarmen Jahreszeit, Vitamin D in Tablettenform zu substituieren. Es hat sich gezeigt, dass die tägliche Einnahme von Vitamin D der wöchentlichen Einnahme des Vitamins vorzuziehen ist.

Calcium – Nicht nur für die Knochen gut

Neben der stützenden Funktion von Calcium auf das Knochengerüst, steht Calcium auch mit der Entstehung von Bluthochdruck und Übergewicht in Verbindung. So kann ein Mangel an Calcium zu Arteriosklerose und infolgedessen zu Bluthochdruck führen. Auch über einen erhöhten peripheren Widerstand kann Calcium zur Erhöhung des Blutdrucks führen. Als basisches Mineral kann Calcium jedoch eine Übersäuerung des Körpers ausgleichen. Weiter sorgt Calcium für eine ausreichende Fließfähigkeit des Blutes. Der Mineralstoff Calcium leistet weiter einen ganz hervorragenden Beitrag zur Fettverbrennung. So wird Calcium für die Fettverbrennung benötigt – denn wird dem Körper genügend Calcium zugeführt, steigt die Basaltemperatur, infolgedessen wird vermehrt Energie verbraucht und in Form von Wärme abgegeben. Ferner bindet Calcium Fett im Darm, was zu einer vermehrten Ausscheidung von überschüssigem Fett führt. Bei Calciummangel wird dagegen die Freisetzung der Hormone Calcitriol und Parathormon gesteigert, als Folge der erhöhten Hormonkonzentrationen wird der Fettaufbau gefördert und gleichzeitig die Fettverbrennung verhindert. Wird dagegen genügend Calcium mit der Nahrung aufgenommen, so wird die Freisetzung der Hormone Calcitriol und Parathormon gebremst. Calcium ist in Milch und Milchprodukten wie Joghurt, Emmentaler, Gouda und Parmesan enthalten, wobei es in Milchprodukten in besonders gut vom Körper resorbierbarer Form vorliegt. Außerdem kommt Calcium auch in Gemüse und Obst vor, besonders viel Calcium steckt etwa in grünem Blattgemüse wie Spinat, Brokkoli, Bohnen sowie in Dörrobst und Mandeln. Auch calciumreiches Mineralwasser führt dem Körper Calcium zu.

Vitamin C – Nicht nur hilfreich fürs Immunsystem

Eine tägliche Gabe von 500 mg Vitamin C senkt den Blutdruck – das ergaben Studien, die über mehrere Monate hinweg durchgeführt wurden. Man vermutet, dass die antioxidativen Eigenschaften von Vitamin C auch die Gefäße vor Arteriosklerose und somit vor Bluthochdruck schützen. Vitamin C aktiviert auch die Ausschüttung von Hormonen, welche am Energiestoffwechsel und der Zellbildung beteiligt sind. So führt Noradrenalin, für dessen Synthese Vitamin C gebraucht wird, zu einer verbesserten Fettverbrennung. Auch fördert Vitamin C die Festigkeit vom Bindegewebe und ist an der Kollagenbildung beteiligt. Vitamin C spielt nicht nur eine essentielle Rolle für unser Immunsystem, indem es wichtige Radikalfängereigenschaften aufweist und so als Antioxidans wirkt – nein, Vitamin C ist auch an der Synthese von Nervenbotenstoffen, den sogenannten Neurotransmittern, beteiligt. Wie mittlerweile bekannt ist, sind Neurotransmitter auch für unser Gemütsleben mitverantwortlich. Serotonin ist bspw. ein Neurotransmitter, der für innere Ausgeglichenheit sorgt – und für dessen Synthese wird u. a. Vitamin C benötigt. Hat der Körper einen Mangel an Serotonin, kann es zu Depressionen und erhöhter Stressanfälligkeit kommen. Bei Stressanfälligkeit und mangelnder Widerstandskraft gegen allgegenwärtigen Stress kann es wiederum zu erhöhtem Blutdruck kommen.

Vitamin C ist vor allem in frischem Obst und Gemüse enthalten. Spitzenreiter im Vitamin-C-Gehalt sind hierbei Grünkohl, Brokkoli, Rosenkohl, Paprika und Fenchel, weiter Hagebutten, Sanddorn, schwarze Johannisbeeren und natürlich Zitrusfrüchte. Da Vitamin C empfindlich gegen Licht, Luft und Hitze ist, sollten Obst- und Gemüsesorten stets frisch gekauft und möglichst bald verzehrt werden. Vitamin C ist zudem ein wasserlösliches Vitamin, deshalb sollte z. B. Gemüse nur mit wenig Wasser und bei nicht zu hoher Temperatur gegart werden. Da natürliches Vitamin C besser resorbiert wird als künstliches Vitamin C, empfiehlt es sich, bevorzugt natürliches Vitamin C zu sich zu nehmen.

Wer aber nicht genügend Obst und Gemüse verzehrt, kann natürliches Vitamin C auch in Form von Tabletten oder als Elixier kaufen. Bspw. enthält Sanddorn-Elixier viel natürliches Vitamin C. Weiter ist die Acerola-Kirsche – einer der vitaminreichsten Früchte überhaupt – in Form von wohlschmeckenden Lutschtabletten oder auch in Pulverform erhältlich. Natürliches Vitamin C hat auch den Vorteil, dass in Pflanzenextrakten – wie z.B. in der Acerolakirsche - zusätzlich noch wertvolle Begleitstoffe wie Bioflavonoide und Pflanzenpigmente enthalten sind, welche die Wirkung des Vitamin C noch steigern.

Arginin – Der Bedarf steigt mit dem Lebensalter

Die Aminosäure L-Arginin ist entscheidend an der Regulation des Blutdrucks beteiligt, da Arginin für die Produktion von Stickstoffmonoxid (NO) verantwortlich ist. Grund dafür ist, dass Arginin mehr Stickstoff enthält als alle anderen Aminosäuren – deshalb ist Arginin die einzige Aminosäure, aus der Stickstoffmonoxid gebildet werden kann. Stickstoffmonoxid wiederum erweitert die Gefäße, was zu einer Senkung des Blutdrucks führt. Folge ist eine verbesserte Versorgung aller Zellen mit Sauerstoff und Nährstoffen. Arginin verhindert ferner das Festkleben der Blutplättchen an den Arterienwänden. Zudem ist Arginin ein wichtiger Radikalfänger, der den Körper vor oxidativem Stress schützt. Arginin wird auch von unserem Körper synthetisiert - jedoch nicht in dem Maß, in dem es benötigt wird. Zudem nimmt der Bedarf von Arginin mit steigendem Lebensalter zu, gleichzeitig produziert unser Körper im Alter nicht mehr genügend Arginin. Auch in Zeiten von Stress sowie bei bestimmten Erkrankungen wie Arteriosklerose, Bluthochdruck und Diabetes nimmt der Bedarf an Arginin zu. Zudem hat Arginin einen gefährlichen Gegenspieler im Körper, der die Umwandlung von Arginin in Stickstoffmonoxid verhindert. Dieser Gegenspieler hat den unaussprechlichen Namen Asymmetrisches-Di-Methyl-Arginin, kurz ADMA.

Ein hoher ADMA-Spiegel erhöht das Risiko, an Herz-Kreislauf-Erkrankungen zu sterben – aus diesem Grund ist eine ausreichende Versorgung mit Arginin umso notwendiger, auch weil Arginin einen Teil des AMDA unschädlich macht. Arginin ist in vielen Nahrungsmitteln enthalten – Walnüsse, Kürbis- und Pinienkerne enthalten über 15 % Arginin. Auch Sonnenblumenkerne, Weizenkeime, Haselnüsse, Erdnüsse, Buchweizenkörner, Hülsenfrüchte und ungeschälter Reis haben einen sehr hohen Arginingehalt. Als tierische Nahrungsquellen mit hohem Arginingehalt gelten etwa Hühnerei, Garnelen und Lachs. In vielen Fällen – gerade bei einseitiger Ernährung, mit steigendem Alter und bei Vorliegen bestimmter Erkrankungen – wird der Bedarf an Arginin nicht mit der Nahrung gedeckt. Dazu kommt noch, dass der ADMA-Spiegel im Alter um ein Vielfaches ansteigt. Eine ausreichende Versorgung mit Arginin über die Nahrung ist in diesen Fällen fast unmöglich.

Aus diesen Gründen steht einer Einnahme von Arginin als Nahrungsergänzungsmittel nichts im Wege – auch aufgrund fehlender Nebenwirkungen bei der Substitution selbst hoher Dosen Arginin. Wichtig ist die Einnahme eines qualitativ hochwertigen Argininprodukts, außerdem sollte Arginin in ausreichend hoher Dosierung eingenommen werden (2,5-5 g Arginin/Tag), auch sollte Arginin langfristig substituiert werden. Die Wirkung setzt idealerweise nach einigen Tagen ein.

Fisch - Gesundheit aus Meer und Fluss

Fisch ist eines der gesündesten tierischen Nahrungsmittel und stellt eine tolle Alternative zu Fleisch dar – weshalb Fisch nicht nur freitags und an Feiertagen auf unseren Tellern serviert werden sollte. So enthält Fisch nicht nur Eiweiß, Vitamine und Mineralstoffe, sondern auch die wertvollen Omega-3-Fettsäuren, die lebensnotwendig sind, von unserem Körper selbst aber nicht hergestellt werden können. Omega-3-Fettsäuren gehören zu den ungesättigten Fettsäuren, die für den Aufbau von Körperzellen essentiell sind, zudem sind sie Ausgangsstoffe für wichtige Signalstoffe, die an der Regulierung von Blutdruck, Blutgerinnung und Blutfettspiegel beteiligt sind. Aufgrund dieser Eigenschaften haben Omega-3-Fettsäuren verschiedene positive Wirkungen: Durch den Genuss von Fisch verbessern sich die Blutfettwerte, da die Triglycerid- und LDL-Cholesterinwerte im Blut gesenkt werden. Ferner wirken Omega-3-Fettsäuren blutdrucksenkend und reduzieren dadurch das Risiko von Herz-Kreislauf-Erkrankungen. Auch die Durchblutung wird durch die Aufnahme von Omega-3-Fettsäuren gesteigert, die Blutgefäße erweitern sich, wodurch die Fließeigenschaften des Blutes verbessert werden. Sind nun alle Fischarten gleichwertig in Bezug auf den gesundheitlichen Nutzen? Nein, es sind vor allem die fetten Fische, die reich an gesunden Omega-3-Fettsäuren sind - allen voran Sardine, Makrele oder Lachs. Neben den ungesättigten Fetten enthalten diese Fischarten auch reichlich fettlösliches Vitamin D. Natürlich trägt Fisch auch zur Jodversorgung bei, so dass die Schilddrüse ihre wichtigen Stoffwechselprozesse erfüllen kann.

Blutdruck senken durch die Kraft von Heilpflanzen und Superfoods

Im Folgenden wollen wir einen Blick auf Heilpflanzen und Superfoods werfen, welche den Blutdruck auf natürliche Weise senken. Glücklicherweise hält Mutter Natur zahlreiche Heilpflanzen und Superfoods für uns bereit, welche dem Blutdruck und dem Herzen wertvolle Dienste erweisen. Die wichtigste Heilpflanze im Einsatz gegen einen erhöhten Blutdruck ist Knoblauch – hier sind die blutdrucksenkenden Effekte sehr eindrucksvoll und auch wissenschaftlich bewiesen. Auch Matcha hat neben vielen anderen positiven Effekten für die Gesundheit auch eine sehr imposante blutdrucksenkende Wirkung. In den letzten Jahren wurde auch die blutdrucksenkende Wirkung von Chili genauer untersucht, auch hier haben sich vielversprechende Effekte im Kampf gegen einen zu hohen Blutdruck ergeben. Der Roten Beete kommt ebenfalls eine besondere Bedeutung in der Therapie des Blutdrucks zu, weshalb dieses gesunde Gemüse regelmäßig verzehrt werden sollte. Daneben werden im Folgenden noch weitere Nahrungsmittel und Superfoods besprochen, deren blutdrucksenkende Wirkung zwar nicht so stark ausgeprägt ist wie bei Knoblauch, Roter Beete, Chili und Matcha. Da diese Nahrungsmittel aber z. B. durch entwässernde und cholesterinsenkende Effekte einen ausgesprochenen Zusatznutzen für das Herz und die Gesundheit allgemein haben, soll diesen Superfoods in diesem Buch ein ebenso würdiger Platz eingeräumt werden.

Knoblauch – Gewürz und Heilpflanze bei Bluthochdruck

Knoblauch ist nicht nur ein ausgezeichnetes Gewürz, sondern auch eine Heilpflanze, deren exzellenter Nutzen bei Bluthochdruck wissenschaftlich gut erforscht ist. Knoblauch (lat. Allium cepa) gehört zur Familie der Amaryllisgewächse (lat. Amaryllidaceae), das ursprüngliche Verbreitungsgebiet des Knoblauchs reicht von Zentralasien bis zum nordöstlichen Iran. Heutzutage kommt er in vielen Ländern kultiviert oder verwildert vor. Knoblauch ist eine ausdauernde, krautige Pflanze und erreicht Wuchshöhen von 30 bis 90 cm. Der Geschmack der Zehen ist sehr scharf-aromatisch. Neben anderen positiven Wirkungen – z. B. der antibiotischen Wirkung – kann Knoblauch dazu beitragen, den Blutdruck zu stabilisieren. Außerdem verhindert Knoblauch die Thrombozytenaggregation, d. h. das Verkleben der Blutplättchen wird verhindert, wodurch eine Gerinnselbildung verhindert werden kann. Auf diese Weise wird der Entstehung von Schlaganfällen und Thrombosen vorgebeugt. Frische Knoblauchzehen enthalten die Aminosäure Alliin, welche beim Zerschneiden oder Schälen der Zehen durch das Enzym Allinase in die Schwefelverbindung Allicin umgewandelt wird. Obwohl die positiven Wirkungen des Knoblauchs für die Gesundheit sicherlich auf die Gesamtheit aller Inhaltsstoffe zurückzuführen ist, gilt Allicin doch als Hauptwirkstoff.

So gilt Allicin auch als die wirksame Komponente, welche durch eine Gefäßerweiterung eine Senkung des Blutdrucks bewirkt. Durch die Weitung der Arterien wird der Blutfluss verbessert, Sauerstoff und Nährstoffe können besser zu den einzelnen Zellen transportiert werden. Durch Knoblauch kann auch einer Arteriosklerose der Gefäße effektiv vorgebeugt werden. Knoblauch senkt ferner den Cholesterinspiegel, für diese Wirkung sind Saponine („Seifenstoffe", sekundäre Pflanzenstoffe) verantwortlich. Die wirksame Komponente Allicin ist übrigens auch für den intensiven Geruch und Geschmack des Knoblauchs verantwortlich. Um die positiven Effekte des Knoblauchs nutzen zu können, ist es nötig, täglich etwa eine Zehe frischen Knoblauch zu verzehren. Dies erreicht imposante Senkungen des systolischen Blutdrucks um ca. 9 mm Hg, der diastolische Blutdruck wird um durchschnittlich 5 mm Hg gesenkt. Bei Knoblauchpräparaten sind durchschnittlich vier bis sechs Dragees einzunehmen, um die Wirkung einer Knoblauchzehe zu erreichen. Mitunter senkt Knoblauch auch den Blutdruck von Patienten, bei denen selbst durch Medikamente keine ausreichende Blutdrucksenkung erzielt werden kann.

Vor Operationen sollte man keinen Knoblauch einnehmen, da Knoblauch die Wirkung von Blutgerinnungshemmern verstärkt.

Rote Beete - Blutdruckschutz in Knallfarbe

Unsere Urgroßmütter kannten und verwendeten sie in köstlichen Rezepten, danach war die Rote Rübe längere Zeit in Vergessenheit geraten. Jetzt wird die Rübe aufgrund ihres zarten Geschmacks und ihrer ausgezeichneten Wirkung für die Gesundheit wieder neu entdeckt. Rote Beete enthält viele wertvolle Inhaltsstoffe, die einen unschätzbaren Wert für unsere Gesundheit besitzen. Allein der rote Farbstoff, das Betanin, wirkt in ausgeprägtem Maße zellschützend und schützt vor bestimmten Krebsarten. Außerdem ist das Wintergemüse gut fürs Blut, da es reichlich Folsäure enthält, welches für die Blutbildung mitverantwortlich ist. Rote Rüben wirken ferner harntreibend, regen Galle und Leber an und fördern die Verdauung. Rote Beete bietet aufgrund ihres Gehaltes an Calcium, Magnesium und Vitamin C Fettpolstern die Stirn, Kalium schwemmt zusätzlich Wassereinlagerungen aus. Für die blutdrucksenkende Wirkung der Roten Beete sind Nitrate verantwortlich, welche im Körper zu Stickstoffmonoxid (NO) umgewandelt werden. Stickstoffmonoxid erweitert die Gefäße, reichert den Sauerstoffgehalt im Blut an und verbessert damit die Sauerstoffversorgung in den Zellen.

Auf diese Weise sinkt der Blutdruck und das Risiko von Arteriosklerose wird verringert. Rote Beete wird im Allgemeinen bevorzugt süß-sauer eingelegt. Sie sollten sich aber auch mit der milchsauer vergorenen Variante anfreunden, da diese besonders basisch wirkt und zudem für eine gesunde Darmflora sorgt.

Rote Beete kann sowohl roh als auch gekocht verzehrt werden. Für eine blutdrucksenkende Wirkung können auch täglich zwei Gläser Rote Beete-Saft getrunken werden. Wer zu Nierensteinen neigt, sollte Rote Beete nur in kleinen Mengen genießen, da Rote Beete viel Oxalsäure enthält, welche zur Bildung von Nierensteinen führen kann. Die Rote Beete ist anspruchslos in der Kultivierung und kann in den Wintermonaten problemlos gelagert werden.

Matcha – Japanischer Wundertee gegen Bluthochdruck

Matcha bedeutet auf Japanisch „pulverisierter Tee" und ist ein zu einem feinen Pulver vermahlener Grüntee. Das trinkfertige Getränk erhält man, indem man eine geringe Menge von ein bis zwei Gramm des Pulvers mit ca. 80 °C heißem Wasser aufgießt und die Flüssigkeit dann mit einem speziellen Bambusbesen aufschäumt. Für die Herstellung des Matcha wird nur der edelste Teil des Teeblatts, das Blattfleisch, verwendet - Adern und Stiele werden dagegen außen vor gelassen. Um dem Matcha seine charakteristische, intensiv grüne Farbe zu verleihen, werden die Teesträucher einige Wochen vor der Ernte beschattet, so dass sich besonders viel Chlorophyll (Blattgrün) entwickeln kann. Nach der Ernte werden die Blätter auf schonendste Art und Weise weiter gedämpft und getrocknet und zum Schluss mittels Stein- oder Granitmühlen zu feinstem Staub verarbeitet. Matcha besitzt eine blutdrucksenkende Wirkung, welche sich schon bei Genuss von täglich einer Tasse Matcha feststellen lässt. Zusätzlich kann das grüne Pulver auch weiteren Herz- und Kreislauf-Krankheiten wirksam entgegentreten. So wird durch das regelmäßige Trinken von Matcha der Fibrogenspiegel gesenkt und die Plättchenaggregation gehemmt – somit werden wichtige Risikofaktoren für Herzinfarkt und Schlaganfall ausgeschaltet.

Ferner werden die Blutlipid- (Blutfettwerte) und Cholesterolwerte signifikant gesenkt, wodurch Herz-Kreislauf-Krankheiten wie koronare Herzkrankheit und Herzinfarkt sowie Schlaganfall verhindert werden können. Zudem wirkt Matcha vasodilatierend (gefäßerweiternd), was einen gewissen Schutz vor Bluthochdruck und Herzinfarkt bietet. Für die Wirkung verantwortlich sind Polyphenole, und zwar die Catechine Epicatechin (EC), Epigallocatechin (EGC) und Epicatechingallat (ECG). Auch den Figurbewussten eilen die Polyphenole zur Hilfe. Sie stimulieren die Thermogenese (Wärmeerzeugung), erhöhen den Grundumsatz und unterstützen so das Abnehmen. Außerdem regulieren Polyphenole den Appetit, die Fettabsorption (Fettaufnahme) wird vermindert, gleichzeitig wird die Fettausscheidung gesteigert. Durch eine Gewichtsreduktion wird auch der Blutdruck gesenkt bzw. das Risiko, an Bluthochdruck zu erkranken.

Chia – Blutdrucksenken mit der Powernahrung der Azteken

Nicht ohne Grund war Chia bereits bei den alten Hochkulturen der Maya und Azteken Grundnahrungsmittel und Heilmittel zugleich. Inzwischen ist auch Europa auf Chia aufmerksam geworden und auch hierzulande wird Chia der Doppelrolle von leckerem Nahrungsmittel und wirksamen Heilmittel gerecht. Mexikanische Chia (lat. Salvia hispanica) ist eine Pflanzenart aus der Gattung des Salbeis. Die Pflanze ist mittlerweile nicht nur in ihrer Heimat Süd- und Mittelamerika zu finden, sondern wird außer in ihrem ursprünglichen Verbreitungsgebiet v. a. in Australien kultiviert. Chiasamen weisen einen besonders hohen Gehalt an ungesättigten Omega-3-Fettsäuren auf – dieses Phänomen ist im Pflanzenreich ausgesprochen selten anzutreffen. Omega-3-Fettsäuren zählen zu den ungesättigten Fettsäuren. Diese sind für den menschlichen Körper essentiell, d. h. sie sind einerseits lebensnotwendig, können andererseits aber nicht von unserem Körper selbst synthetisiert werden und müssen daher mit der Nahrung aufgenommen werden. Unter den pflanzlichen Ölen nimmt das in Chiasamen enthaltene Chiaöl mit einem Gehalt von 64 % Omega-3-Fettsäuren eine herausragende Stellung ein. Chiaöl enthält etwa 64 % Linolensäure, der ganze Chiasamen etwa 20 % Linolensäure, bei einem Gesamtfettgehalt von 30 %. Bereits fünf Gramm Chiasamen – also ein Teelöffel – liefern den Tagesbedarf an Omega-3-Fettsäuren.

Eine ausreichende Zufuhr von Omega-3-Fettsäuren ist gerade in der heutigen Zeit wichtig, denn die ungesättigten Fettsäuren leisten einen herausragenden Beitrag für unsere Gesundheit. So kann die ausreichende Zufuhr von Omega-3-Fettsäuren mit der Nahrung Herz-Kreislauf-Erkrankungen wie Herzinfarkt und Schlaganfall vorbeugen, ferner können Arteriosklerose und Thrombosen verhindert werden. Auch Blutdruck und Blutfette können durch Omega-3-Fettsäuren positiv beeinflusst werden. In Chia sind außerdem außergewöhnlich große Mengen an Antioxidantien enthalten – das sind Verbindungen, die eine unerwünschte Oxidation anderer Substanzen gezielt verhindern. Es ist außerordentlich wichtig, genügend Antioxidantien mit der Nahrung aufzunehmen – durch ihre Radikalfängereigenschaften schützen Antioxidantien vor Krebs, Herz-Kreislauferkrankungen, Arthrose und Schlaganfall. Auch Ballaststoffe sind reichlich in Chia zu finden – diese erleichtern das Abnehmen, sorgen für eine gesunde Verdauung und binden überdies Cholesterin. Zu den weiteren wertvollen Inhaltsstoffen der Chiasamen gehören Vitamine (A, C und E), Mineralstoffe (Calcium, Magnesium, Kalium, Natrium) und Spurenelemente (Eisen, Mangan, Kupfer, Zink).

Insbesondere das besondere Gefüge dieser Wirkstoffe macht Chia so wertvoll. Weiter wirken Chiasamen basisch, so dass sie sich balancierend auf den Säure-Basen-Haushalt auswirken. Chiasamen sind einfach und unkompliziert anzuwenden, man kann sie roh und pur verzehren (stets mit ausreichend Wasser) oder einfach als Topping über Müsli, Obst, Salate, Joghurt und Desserts streuen. Aufgrund ihres neutralen, leicht nussigen und angenehmen Geschmacks passen Chiasamen sowohl zu herzhaften als auch zu süßen Nahrungsmitteln. Man kann Chiasamen pur genießen, aber auch in aufwendigen Gerichten verarbeiten. Wie man sieht, wird Chia nicht umsonst als Superfood und Powernahrung gehandelt, denn in diesem Lebensmittel findet sich die geballte und pralle Lebenskraft, ja es ist sogar eines der gesündesten Nahrungsmittel überhaupt. Die Azteken lagen also richtig, indem sie Chia als Powerspender Nummer eins einstuften und diesem begehrten Nahrungsmittel sogar übermenschliche Kräfte nachsagten.

Chili – Scharfe Schote aus Amerika

Chilis, die scharfen Schoten aus Süd- und Mittelamerika, sollten viel öfters auf unserem Speiseplan stehen. Denn Chilis heizen dem Körper so richtig ein, bereits geringe Mengen der kleinen Schoten lassen uns schwitzen und treiben uns buchstäblich die Schweißperlen auf die Stirn. Verantwortlich für die feurige Wirkung der Chilis ist das Alkaloid Capsaicin, welches die Thermogenese (Wärmebildung) bis zu 25 % erhöht, wodurch überflüssiges Fett mobilisiert wird. Außerdem regen Chilis die Verdauung an, sie wirken antioxidativ und entzündungshemmend. Der Scharfstoff Capsaicin hat auch eine entspannende Wirkung auf die Gefäße, infolgedessen sinkt der Blutdruck. Capsaicin führt zu einer vermehrten Ausschüttung von Stickstoffmonoxid (NO), dieser Botenstoff führt zur Entspannung der Blutgefäße und senkt den Blutdruck. Aus diesen Gründen sollten Sie diverse Gerichte viel häufiger mit Chilis aufpeppen. Ein ganz einfaches und wohlschmeckendes Gericht sind Spaghetti mit Chilis, Knoblauch und Olivenöl. Berühmt ist natürlich auch Chili con carne, alternativ für Vegetarier zum Chili sin carne umgewandelt, Hackfleisch wird hier einfach durch Sojagranulat ersetzt. Sehr gesund und ein Power-Fatburner ist auch Guacamole, der mexikanische Dip, bestehend aus Avocadocreme, Zwiebeln, Tomaten, Paprika, Knoblauch und natürlich Chilis. Wichtig ist die Zugabe von Zitronensaft, um die Oxidation und damit das Braunwerden der Avocadocreme zu verhindern.

Spargel – Königliches Gemüse für den Blutdruck

Spargel schmeckt nicht nur köstlich, sondern ist auch eine der gesündesten Gemüsesorten überhaupt. Das bittersüße Gemüse lässt nicht nur die Pfunde schmelzen, sondern wirkt auch entwässernd, regt die Nierentätigkeit an und wirkt entgiftend auf den ganzen Organismus. Deshalb empfiehlt sich Spargel auch zur Unterstützung bei Blasenleiden und Nierensteinen. Auch bei erhöhten Blutfettwerten und Bluthochdruck wirkt Spargel entlastend. Die blutdrucksenkende Wirkung des Spargels ergibt sich v. a. aus dem entwässernden Effekt des Spargels sowie aus dessen hohem Gehalt an Kalium. Spargel ist in drei Varietäten erhältlich, als weißer, grüner und violetter Spargel. Während die bekannteste Variante, der weiße Spargel, mild im Geschmack ist, ist violetter Spargel kräftiger im Geschmack und grüner Spargel weist den intensivsten Geschmack auf. Bei Feinschmeckern erfreut sich grüner Spargel, der auch über der Erde wächst, zunehmender Beliebtheit. Für eine schlanke Figur sorgt der schöne Frühlingsbote wegen seiner einzigartigen Komposition von Inhaltsstoffen: Praktisch kalorienfrei beherbergt der Spargel viel Wasser, Ballaststoffe, Magnesium, Calcium, Kalium, Vitamine der B-Gruppe, Vitamin C und Vitamin A. Spargel kurbelt den Stoffwechsel an und entwässert und entgiftet den ganzen Körper, weshalb sich der Spargel besonders für entschlackende Frühjahrskuren eignet.

Da der Blutzuckerspiegel nicht beeinflusst wird, wirkt das prächtige Gemüse hervorragend bei Heißhungerattacken und wirkt der Einlagerung von Fettpolstern entgegen. Reichlich vorhandenes Inulin sorgt für eine verbesserte Resorption von Calcium und Kalium, außerdem fördert Inulin eine gesunde Darmflora, welche wiederum zu einer geregelten Verdauung führt. Aufgrund seines charakteristischen Geschmacks bedarf Spargel keiner aufwendigen Beilagen. Er schmeckt gekocht oder im Ofen gebraten, letztere Variante führt aufgrund des Garens im eigenen Saft zu einem sehr intensiven Geschmack. Gerne wird Spargel zu Folien- oder Pellkartoffeln gegessen. Auch mit Rühr-, Spiegel- sowie pochierten oder gekochten Eiern schmeckt Spargel, ferner eingearbeitet in Quiches or Omeletts. Mit Erdbeeren, Kirschtomaten oder Avocado ergibt Spargel einen köstlichen Salat.

Himbeeren – Verführerisch und gesund

Himbeeren schmecken nicht nur verführerisch lecker, sie sind auch ausgesprochen gesund. Himbeeren vereinen ein feines, süßes Aroma mit einem Hauch Säure, was diese Beeren zu einem ausgesprochenen Genuss macht. Himbeeren – im botanischen Sinne übrigens keine Beeren, sondern Sammelsteinfrüchte – gehören zu den ältesten Kulturfrüchten überhaupt. Himbeeren gehören zu den Rosengewächsen, es gibt sommer- und herbsttragende Sorten. Himbeeren enthalten Vitamin C, Vitamin E, verschiedene B-Vitamine (Vitamin B 1, Vitamin B 2, Vitamin B 6), Magnesium, Calcium, Kalium, Zink und Eisen. Als ganz besonders wertvolle Inhaltsstoffe hat man kürzlich die sogenannten Himbeer-Ketone entdeckt. Hierbei handelt es sich um Enzyme, welche die Konzentration des körpereigenen Hormons Adiponectin erhöhen. Adiponectin wiederum beeinflusst den Lipid- und Glucosestoffwechsel auf positive Weise. Der positive Effekt auf den Lipid- und den Glucosestoffwechsel kommt auch den Gefäßen zugute, Arteriosklerose wird auf diese Weise verhindert und damit auch die Entstehung von Bluthochdruck.

Außerdem bewirken Mineralstoffe und sekundäre Pflanzeninhaltsstoffe eine direkte blutdrucksenkende Wirkung. Darüber hinaus unterstützen Himbeeren eine gesunde Verdauung, entgiften den gesamten Körper und haben eine vorbeugende Wirkung gegen bestimmte Krebsarten. Himbeeren schmecken pur, gekocht oder zu Joghurt und Quark. Auch als Zusatz zu Müsli, Haferflocken und Milchreis schmecken Himbeeren köstlich. Als Zutat zu jeder Art von Obstsalat zaubern Himbeeren einen ausgezeichneten Geschmack, bspw. schmecken Himbeeren zu Rhabarber, Birnen, Äpfeln, Pfirsichen oder Wassermelonen. Auch zusammen mit anderen Beerenfrüchten, z. B. mit Erdbeeren oder Blaubeeren, munden Himbeeren ausgezeichnet. Auch mit Blattsalaten und Himbeeressig werden Himbeeren bisweilen gereicht.

Himbeeren sollten immer kühl und nur kurze Zeit gelagert werden. Sie sind gegen Druck empfindlich, weshalb die Beeren auch nur vorsichtig gewaschen werden sollten – auch um das geschmackvolle Aroma nicht zu verwässern.

Artischocken – Kulinarischer Genuss und Wohltat für das Herz

Arzneilich werden die Blätter der Artischocke (lat. Cynara scolymus) verwendet. Die Artischocke gehört zur Familie der Korbblütler (lat. Asteraceae), die Pflanze ist in Äthiopien beheimatet. Heute wird die Artischocke im Mittelmeergebiet kultiviert, weiter in den Balkanländern, in Ägypten, Marokko, Nordamerika und auch in Deutschland. In Frankreich ist v. a. die Bretagne berühmt für ihre Artischocken-Kulturen. Die Artischocke ist ein ausdauerndes Distelgewächs mit Blütenkörbchen, die bis 12 cm Durchmesser erreichen. Geerntet werden die Blütenköpfe, wenn sie noch geschlossen sind und die äußeren Schuppen leicht abstehen. Verpasst man diesen Zeitpunkt, entwickelt sich eine große, prächtige, violette Blüte. Die Artischocke ist nicht nur eine Delikatesse, sondern auch eine ausgezeichnete Heilpflanze. Aus diesem Grund wird die Artischocke schon seit vielen Jahrhunderten als Heilpflanze eingesetzt, man vermutet, dass die Artischocke sogar schon im alten Ägypten bei verschiedenen Krankheitsbildern angewendet wurde. Die Erfahrungswerte rund um die Artischocke wurden in neuerer Zeit wissenschaftlich bestätigt.

Die wirksamen Inhaltsstoffe sind Sesquiterpenlactone (darunter der Bitterstoff Cynaropikrin als Hauptkomponente), Flavonoide wie Rutin und Luteolin sowie instabile Diphenole vom Typ der Kaffeesäure, bspw. Cynarin (1,5-Dicaffeoylchinasäure). Die Wirkung kommt durch das Zusammenspiel verschiedener Stoffe zustande, als wesentlicher Wirkstoff wird allerdings Cynarin angesehen. Artischockenpräparate werden in Form von Säften, Tee, Tinkturen und als Spezialextrakt in Form von Kapseln angeboten. Isolierte Inhaltsstoffe werden nicht angeboten, weil sich herausgestellt hat, dass die Wirkung z. B. von reinen Cynarin-Präparaten nicht mit der Wirkung des Gesamtblätterextrakts mithalten kann. Artischockenpräparate stammen aus speziell gezüchteten Artischockenkulturen. Am wirksamsten sind die Blätter, die sich am Grund des Stängels befinden, nicht die am Blütenköpfchen befindlichen Hüllblätter, die als Gemüsedelikatesse angeboten werden. Artischockenpräparate sind hilfreich bei Störungen im Magen-Darm-Bereich, bspw. bei Völlegefühl, Blähungen, Krämpfen im Magen-Darm-Bereich, Übelkeit und Appetitlosigkeit. Die Verdauung wird gefördert, fettreiche Nahrung kann besser verarbeitet werden, Verstopfung wird bekämpft. Aus diesem Grund wurden - schon lange bevor man über die Inhaltsstoffe der Artischocke Bescheid wusste – traditionell Artischocken zu fettreichem Essen gereicht, während man nach den Mahlzeiten vorzugsweise Artischockenwein zur Verdauung der Mahlzeiten kredenzte.

Weiter regen Artischockenpräparate die Gallenproduktion und den Gallenfluss an, wodurch zum einen die Verdauung unterstützt wird, zum anderen wird die Lebertätigkeit angekurbelt und die Ausscheidung von Schadstoffen gesteigert. Weiter wird die Durchblutung der Leber gefördert, so wird die Leistung dieses Organs gesteigert und die Bildung neuer Leberzellen in Gang gesetzt. Auf diese Weise kann eine bestehende Leberschwäche verbessert werden sowie den Anzeichen einer Leberverfettung entgegengewirkt werden. Artischocken schützen zudem die Leberzellen vor einer Schädigung durch freie Radikale, denen die Leber als Entgiftungsorgan in besonderem Maße ausgesetzt ist. Erhöhte Leberwerte normalisieren sich häufig, die Regeneration des wichtigen Organs wird unterstützt. Am optimalsten sind die Effekte freilich, wenn während einer Kur mit Artischockenpräparaten auf Alkohol und fettreiche Mahlzeiten verzichtet wird. Artischockenpräparate senken auch unterstützend Cholesterol- und Triglyceridwerte, weshalb auch ein gewisser Schutz vor Arteriosklerose und infolgedessen auch vor Herzinfarkt und Schlaganfall gegeben ist. Die cholesterolsenkende Wirkung soll durch verschiedene Mechanismen, wie vermehrte Cholesterolausscheidung und Hemmung der Neubildung von Cholesterol, zustande kommen. Artischockenpräparate sind in Form von Tabletten, Dragees, Kapseln, Tropfen, Saft und als Tee erhältlich. Um eine tiefgreifende Wirkung zu erreichen, ist die Applikation in Form von Artischockenkapseln oder –tabletten ratsam.

Optimal sind hochdosierte Kapseln mit 600 mg Artischockenblätterextrakt. Die Kapseln werden zweimal täglich eingenommen, idealerweise im Rahmen einer Kur. Bei gleichzeitiger Einnahme von Artischockenpräparaten kann die Wirksamkeit von blutgerinnungshemmenden Mitteln vom Cumarin-Typ (Phenprocoumon, Warfarin) abgeschwächt werden. Mögliche weitere Nebenwirkungen sind leichte Durchfälle, auch über Überempfindlichkeitsreaktionen, wie z. B. Hautausschläge, wurde berichtet. Artischockenpräparate dürfen nicht bei einem Verschluss der Gallenwege bzw. bei Gallensteinen angewendet werden. Auch Kinder unter 12 Jahren sollten vom Gebrauch von Artischockenpräparaten absehen, ebenso – aufgrund mangelnder Erfahrungswerte - Schwangere und Stillende. Natürlich sollte man sich hin und wieder auch Artischockengemüse als besondere Delikatesse gönnen. Die zartbitter schmeckenden Artischockenherzen sind eingelegt in Öl oder frisch zubereitet ein besonderer Gaumenschmaus. Artischockenherzen – die als Bestandteil mediterraner Antipastiplatten nicht wegzudenken sind – passen etwa zu Salaten oder Nudelgerichten.

Die DASH-Diät – Die blutdrucksenkende Diät aus den USA

Die DASH-Diät steht als Abkürzung für Dietary approaches to stop Hypertension. Bereits 1997 wurde die Diät zur Therapie von Bluthochdruck entwickelt. Vorteil der DASH-Diät ist, dass es keine Diät im eigentlichen Sinn ist – sondern dass es sich hierbei um eine Umstellung der Ernährung handelt, die v. a. der Senkung eines erhöhten Blutdrucks und der Reduktion von Übergewicht dient. Die Dash-Diät gilt als eine der gesündesten Diäten überhaupt, lästiges Kalorienzählen entfällt hier auch völlig. Normalerweise sind 2000 Kalorien pro Tag gestattet. Spezielle Nahrungsmittel bzw. Nahrungsergänzungsmittel werden bei dieser Diät nicht benötigt. Die DASH-Ernährung ist reich an Getreide und Getreideprodukten (aus Vollkorn) sowie an Obst und Gemüse. Erlaubt sind ferner fettarme Milchprodukte sowie Geflügel, Fisch und Nüsse. Weitgehend vermeiden sollte man dagegen gesättigte Fettsäuren, rotes Fleisch, Süßigkeiten und zuckerhaltige Getränke. Der Salzkonsum sollte auf 1,5 g pro Tag beschränkt werden, was eine weitgehende eigene Zubereitung von frischen und unbehandelten Lebensmitteln bedingt. Die DASH-Diät sieht keine radikale Veränderung der Essgewohnheiten vor, stattdessen soll die Ernährung langsam, aber nachhaltig umgestellt werden.

Nach und nach werden Lebensmittel wie Wurst, rotes Fleisch, fetter Käse, Weißmehlprodukte und Süßigkeiten durch Vollkornprodukte, Gemüse, Obst, mageres Fleisch und fettarme Milchprodukte ersetzt. Gern gesehen sind bei dieser Diät auch pflanzliche Öle sowie Nüsse. Süßigkeiten sind nur in geringer Menge erlaubt, das gleiche gilt für Alkohol. Welche Menge von jedem Lebensmittel täglich erlaubt ist, ist anhand von Portionen ersichtlich. Von den einzelnen Nahrungsgruppen ist jeweils eine bestimmte Anzahl von Portionen gestattet.

Täglich dürfen folgende Portionen verzehrt werden:

- Sechs bis acht Portionen Getreide
- Vier bis fünf Portionen Gemüse
- Vier bis fünf Portionen Obst
- Zwei bis drei Portionen fettarme Milchprodukte
- Zwei Portionen mageres Fleisch/Fisch
- Zwei bis drei Portionen Fett
- Vier bis fünf Portionen Nüsse pro Woche
- Maximal fünf Portionen Süßigkeiten pro Woche

Eine Portion entspricht hierbei:

- Obst: Eine mittelgroße Frucht bzw. ein Glas Obstsaft
- Gemüse: 100 g gekochtes oder rohes Gemüse bzw. ein Glas Gemüsesaft
- Getreide: Eine Scheibe Brot oder ein halbes Brötchen bzw. 100 g gekochter Reis/Nudeln/Kartoffeln
- Milchprodukte: 250 ml fettarme Milch oder fettarmer Joghurt bzw. 40 g fettarmer Käse
- Fleisch/Fisch: 90 g Fisch oder Fleisch (mager)
- Nüsse: 75 g
- Fett: ein Teelöffel Margarine, Butter oder Öl

Die Mittelmeer-Diät – Die herz- und blutdruckfreundliche Ernährung

Die Mittelmeer-Diät ist keine Diät im eigentlichen Sinn. Vielmehr handelt es sich um eine gesunde und schmackhafte Ernährungsform, die in der typischen Mittelmeerländern wie Italien, Spanien und Frankreich verbreitet ist: Auf dem Speiseplan stehen viel Gemüse und Obst sowie Fisch, mageres Fleisch, weiter Knoblauch und Olivenöl.

Die Mittelmeer-Diät – Die ideale Kost für Herz und Blutdruck.

Die Mittelmeer-Diät ist reich an Lebensmitteln, die den Blutdruck senken: Die Kost besteht zum großen Teil aus Gemüse und Obst, das reich an Kalium, Ballaststoffen, sekundären Pflanzeninhaltsstoffen sowie Folsäure ist. All diese Inhaltsstoffe wirken sich positiv auf den Blutdruck aus. Weiterhin wird in den Mittelmeerländern reichlich Fisch, der die wertvollen Omega-3-Fettsäuren enthält, verzehrt. Auf der der anderen Seite wird wenig Fleisch gegessen – Fleisch wirkt u. a. durch den Gehalt an gesättigten Fettsäuren blutdrucksteigernd. Überdies wird in der Mittelmeerküche traditionell mit Kräutern gewürzt, Salz wird dagegen nur sparsam eingesetzt. Die Mittelmeerküche beinhaltet auch wenig fette und süße Gerichte, welche sich ungünstig auf den Blutdruck auswirken.

So funktioniert die Mittelmeer-Diät

Im Rahmen einer Studie wurden 15500 Personen befragt, die unter einer Erkrankung des Herzens litten. Die Forscher konnten sich ein umfassendes Bild machen, da die Teilnehmer der Studie auf 39 Länder verteilt waren und dadurch die verschiedensten Ernährungsweisen überprüft wurden. Die Forscher wollten in Erfahrung bringen, wie die Ernährung in den einzelnen Ländern aussah. Zur Auswertung wurde ein bestimmter Zeitraum herangezogen, in dem die Teilnehmer ihre übliche Ernährungsweise beibehielten. Was gab es zum Frühstück, was zum Mittagessen und was abends? Was haben die Befragten zwischendurch gegessen? Womit stillten sie ihren Durst? - All dies wollten die Forscher genau wissen. Hierbei beobachteten die Forscher die Teilnehmer sowie deren Ernährungsgewohnheiten über einen Zeitraum von mehreren Jahren. Im Anschluss daran untersuchten sie, wie sich der gesundheitliche Zustand der Probanden darstellte. Die Experten kamen zu dem Schluss, dass es nicht zwingend notwendig ist, auf ungesunde Nahrungsmittel wie Weißbrot oder Süßigkeiten komplett zu verzichten. Vielmehr sei es wichtiger, mehr gesunde Nahrungsmittel in die Ernährung zu integrieren. Fazit war weiter, dass nicht nur das Herz und die Blutgefäße von der Mittelmeerdiät profitieren, sondern auch, dass man zudem Gewicht verliert. Denn viel Käse, fettes Fleisch oder Wurst – Nahrungsmittel, die hierzulande sehr beliebt sind - stehen bei dieser Ernährung eher selten auf dem Speiseplan.

Auch Süßigkeiten oder Chips gehören nicht zu den Bestandteilen der typischen mediterranen Ernährung. Hält man sich an die üblichen Ernährungsgewohnheiten der Mittelmeerdiät, ist diese eine ausgewogene und gesunde Ernährungsform mit vielen frischen Zutaten, zusätzlich ist die Ernährungsweise geeignet, um Gewicht abzubauen. Allerdings ist es ratsam, dass man sich mit der Zusammensetzung der Lebensmittel auseinandersetzt, um Fettfallen zu erkennen und zu vermeiden. Eine Käseplatte mit Weißbrot und einer Flasche Rotwein am Abend mag zwar mediterran anmuten, führt aber gleichzeitig dazu, dass man viel Fett zu sich nimmt. Das gleiche gilt für Pizza, Lasagne, Aufläufe, Pasta mit Sahnesoße und Co. – typische Mittelmeergerichte, aber in keiner Form diätkompatibel. Auch ist Olivenöl zwar gesund, nichtsdestotrotz sollte es sparsam verwendet werden. Was das Frühstück betrifft, sollte hier nicht unbedingt die typische sparsame mediterrane Variante mit Baguette, Croissant, Kuchen, Konfitüre und Butter übernommen werden. Das charakteristische mediterrane Frühstück ist nicht nur nicht besonders gesund – zudem sorgt es für keinen lang anhaltenden Sättigungseffekt, der gerade am Morgen wichtig ist. Deshalb sollte man morgens lieber zu frischem Obstsalat, Joghurt, Eiern, Müsli und ähnlichem greifen. Wenn man darauf achtet, eine fettarme Zusammenstellung der Nahrung zu gewährleisten, ist die mediterrane Kost lecker und abwechslungsreich.

Reichlich trinken senkt den Blutdruck

Am besten Wasser – Denn ohne Wasser kein Leben.

Ohne Wasser gibt es bekanntermaßen kein menschliches Leben. Der Mensch kann Wochen ohne Nahrung auskommen und lange Zeit hungern, auf der anderen Seite kann er aber nur wenige Tage ohne Flüssigkeit auskommen. Denn Wasser ist Bestandteil aller Gewebe in unserem Körper. Es dient als Transportmittel für wasserlösliche Stoffe und als Lösungsmittel für fast alle Stoffe in den Zellen. In einem ausgetüftelten System regelt Wasser auch die Temperatur des Körpers, indem es der Körperfläche durch Verdunstung Wärme entzieht. Der Mensch besteht zu ca. 60 % aus Wasser. Männer haben einen etwas höheren Wasseranteil als Frauen, jüngere Menschen einen höheren als ältere. Reichlich trinken senkt den Blutdruck Trinkt man zu wenig, erhält auch das Blut zu wenig Wasser – als Folge dickt das Blut ein, der Blutfluss wird gedrosselt und damit auch die Versorgung aller Körperzellen mit Sauerstoff sowie Nährstoffen. Die Aktivität aller Zellen wird dadurch erheblich eingeschränkt. Um den Blutfluss wieder anzukurbeln, erhöht der Körper als notwendige Konsequenz den Blutdruck. Ferner enthalten bei ungenügender Aufnahme von Wasser auch die Blutzellen zu wenig Flüssigkeit.

Deshalb reduzieren die Blutzellen, um weiterhin mit Wasser gefüllt zu bleiben, ihre Größe, wodurch der Druck in den Arterien steigt – Folge ist auch hier wiederum eine Erhöhung des Blutdrucks. Zudem führt Wassermangel zu einer Übersäuerung des Körpers, die wiederum eine Erhöhung des Blutdrucks fördert. Nicht zuletzt verhindert Wassermangel auch die Ausscheidung von Giftstoffen und Schlacken – die im Körper verbleibenden Schadstoffe können ihrerseits durch Schädigung der Arterien den Blutdruck erhöhen. Vergessen darf man auch nicht, dass die reichliche Zufuhr von Wasser den Stoffwechsel ankurbelt und zu einer gewissen Sättigung führt – diese beiden Faktoren tragen wiederum dazu bei, Übergewicht zu verhindern oder aber abzubauen. Bevorzugt sollte stilles Wasser getrunken werden, denn die in Sprudelwasser enthaltene Kohlensäure führt zur weiteren Übersäuerung des Körpers. Außerdem sollten Sie beim Kauf von Mineralwasser auf natriumarmes Wasser achten (siehe Kapitel „Erhöhte Kochsalzzufuhr fördert Bluthochdruck"). Tafel- und Quellwasser müssen keine Angaben bzgl. des Natriumgehaltes aufweisen – aus diesem Grund sollte Mineralwasser bevorzugt werden.

Genügend Wasser zuführen

Als Faustregel gilt, dass ein Erwachsener täglich etwa 2,5 Liter Flüssigkeit zu sich nehmen sollte - eine Menge, die tatsächlich oft drastisch unterschritten wird.

Denn Durst tritt als Warnsignal unseres Körpers erst dann auf, wenn schon ein eklatanter Flüssigkeitsmangel vorliegt. Wer zu wenig trinkt, läuft Gefahr, an Kreislaufproblemen, Schwindel, Müdigkeit und Erschöpfungszuständen zu leiden. Weiter laufen bei ungenügender Flüssigkeitszufuhr sämtliche Stoffwechselprozesse nicht mehr optimal ab, was wiederum mit zunehmender Verschlackung einhergehen kann. Um also wirklich auf die benötigte Flüssigkeitsmenge zu kommen, sollten Sie sich die Getränke für einen Tag (vorzugsweise stilles Wasser und ungesüßten Tee) am besten schon morgens abmessen und diese über den Tag verteilt trinken. Nur so gehen Sie sicher, dass Sie wirklich die geforderte Flüssigkeitsmenge zu sich nehmen. Wichtig ist eine gleichmäßige Verteilung der Flüssigkeitsaufnahme über den ganzen Tag. Denn beim Versuch, die gesamte Flüssigkeit auf einmal aufzunehmen, wird zu viel Flüssigkeit mit dem Urin ausgeschieden. Optimal ist es, bereits morgens nach dem Aufstehen ein Glas Wasser zu trinken, am besten lauwarm, so werden zusätzlich die Verdauung, der Stoffwechsel und die Entgiftung angeregt. Idealerweise geben Sie dem Wasser frisch gepressten Zitronensaft zu und/oder frischen Ingwer oder etwas Brennnesselkraut – das bringt den Körper zusätzlich in Schwung und fördert die Entgiftung. Weiter empfiehlt es sich, eine halbe Stunde vor jeder Mahlzeit ein Glas Wasser zu trinken und auch zwischendurch im Verlauf des Tages. Das bringt den Stoffwechsel auf Trab, die Nieren- und die Lebertätigkeit werden angeregt, Abbauprodukte werden ausgeschieden und die Energieverbrennung wird angekurbelt.

Mineralwasser mit oder ohne Sprudel?

Da Kohlensäure im Sprudelwasser eine anorganische Säure ist, die auch im Stoffwechsel säuernd wirkt, ist stilles Wasser zu bevorzugen. Ein weiterer Vorteil von stillen Wasser ist, dass man große Mengen trinken kann, ohne lästiges Aufstoßen oder Blähungen zu provozieren.

Getränke - Sorgen Sie für Abwechslung

Der ausschließliche Genuss von Mineralwasser mag Ihnen auf Dauer etwas eintönig vorkommen. Wechseln Sie daher in der Wahl Ihrer Getränke ruhig ab. Kaufen Sie unterschiedliche Mineralwässer, wodurch Sie für verschiedene Geschmackserlebnisse sorgen. Auch ungesüßte Kräutertees sind gesunde Getränke, auch bei diesen können Sie regelmäßig abwechseln. Die meisten Kräutertees wirken zudem basisch und zeigen auch eine entschlackende und entgiftende Wirkung – was wiederum unserem Wohlbefinden und unserer Vitalität zugutekommt.

Grüner Tee - Gesunder Genuss aus Fernost

Grüner Tee erfreut sich zu Recht auch hierzulande zunehmender Beliebtheit. Im Unterschied zum Schwarztee werden die Blätter beim grünen Tee nicht oder kaum fermentiert, also keinem Gärungsprozess unterzogen. Dadurch bleiben Vitamine und Mineralstoffe weitgehend erhalten, weshalb grüner Tee im Organismus eine besonders optimale Wirkung auf den Stoffwechsel entfaltet. Grüner Tee enthält zwar, wie Kaffee, auch Coffein, dieses ist jedoch im Gegensatz zum Coffein im Kaffee zum Teil an Gerbstoffe gebunden, wodurch das Nervensystem langsam stimuliert wird, und der Kreislauf nicht unnötig aufgeputscht wird. Weiterhin regt grüner Tee die Stoffwechseltätigkeit an, so kommt es zu einer vermehrten Ausscheidung von Toxinen. Überdies enthält grüner Tee große Mengen an Bitterstoffen, welche bei regelmäßiger Einnahme das Geschmacksempfinden verändern können, so dass süße Speisen zunehmend weniger angenehm und gleichzeitig bittere Speisen zunehmend besser schmecken. Obendrein sind Bitterstoffe eine Wohltat für die Leber und fördern deren entgiftende Tätigkeit. Durch die entgiftende und stoffwechselaktivierende Wirkung wird der Körper mit neuer Energie versorgt.

Säfte - Unkomplizierter vitaminreicher und basischer Genuss

Eine tolle Wirkung für Ihre Gesundheit können Sie ohne großen Aufwand erzielen, indem Sie regelmäßig Obst- und Gemüsesäfte trinken. Am besten nehmen Sie Säfte in Form von frisch gepressten Säften oder Direktsäften zu sich, denn diese enthalten den größten Anteil an Vitaminen, Mineral- und Ballaststoffen. Als Konzentrate sind Säfte oft thermisch behandelt oder gefiltert, wodurch ein nicht unerheblicher Teil der wertvollen Inhaltsstoffe verloren geht.

Und lassen Sie sich niemals von der Mogelpackung „Nektar" täuschen, denn dieser enthält oft viel Zucker (bis zu 20 %) und wenig Frucht.

Also nehmen Sie sich beim Kauf lieber Zeit und studieren Sie genau die Etiketten. Außerdem empfiehlt es sich, Säfte zu verdünnen, denn durch Verdünnen der Säfte reduzieren Sie die kalorische Belastung und genießen einen energiearmen, aber dennoch energiespendenden Drink.

Alkohol – Gefahr für Herz und Blutdruck

Dass übermäßiger Alkoholkonsum der Gesundheit schadet, ist gemeinhin bekannt. Es leiden jedoch nicht nur Organe wie die Leber, die Bauchspeicheldrüse und das Nervensystem unter einem ausufernden Alkoholgenuss – auch der Blutdruck ist Opfer eines hohen Alkoholkonsums. Alkohol gilt als einer der imposantesten Risikofaktoren für das Entstehen von Bluthochdruck - Das Auftreten von Bluthochdruck korreliert in direkter Weise mit dem Konsum von Alkohol. Alkohol ist oft die wesentliche und manchmal sogar die einzige Ursache für hohen Blutdruck. Zudem ist bei kontinuierlichem Alkoholgenuss das Schlaganfallrisiko deutlich erhöht. Für die Steigerung des Blutdrucks braucht es nicht mal große Mengen Alkohol – als unschädliche Obergrenze gilt für Männer ein Konsum von 30 g Alkohol pro Tag (das entspricht ca. 750 ml Bier oder ca. 300 ml Wein, abhängig von der Bier- oder Weinsorte), für Frauen beträgt die Obergrenze sogar nur 20 g pro Tag. Unterschreitet man die kritische Grenze oder verzichtet gar ganz auf Alkohol, kommt es meist zu einer deutlichen Reduktion des Blutdrucks bis hin zu normalen Werten. Die schädliche Wirkung des Alkohols auf den Blutdruck beruht auf einer Aktivierung des sympathischen Nervensystems, wodurch es zu einer Steigerung der Herzfrequenz kommt, außerdem wird mehr Blut aus der linken Herzkammer gepumpt. Zudem erhöht Alkohol die Konzentration der Blutfette (Trigylceride) und ist aufgrund seiner hohen kalorischen Belastung häufig eine Mitursache für Übergewicht. Neben der Einschränkung des Alkoholkonsums auf die erlaubten Mengen empfiehlt es sich außerdem, zusätzlich ein bis zwei Tage pro Woche gänzlich auf Alkohol zu verzichten.

Nikotin – Gift für den Blutdruck

Viele Menschen verbinden mit Nikotin und Rauchen zunächst vor allem Erkrankungen der Lunge – Nikotin sowie zahllose weitere Giftstoffe, die in einer Zigarette (oder anderen Rauchwaren) enthalten sind, führen jedoch nicht nur zu Atemwegserkrankungen, sondern schaden allen Organen und haben auch einen sehr ungünstigen Einfluss auf den Blutdruck. Nikotin reduziert die Elastizität der Gefäße, zudem werden die Blutgefäße verengt, die Entstehung von Arteriosklerose wird gefördert. Das Herz muss das Blut mit erhöhtem Druck durch die verengten Gefäße pressen, wodurch der Blutdruck erhöht wird. Weiter aktiviert Nikotin den Sympathikus, weshalb die Herzfrequenz steigt und die Gefäße wiederum verengt werden – als Folge steigt der Blutdruck. Nikotin verändert ferner die Fließeigenschaften des Blutes, zudem verändern sich die Blutfettwerte: Während die Konzentration des „guten" HDL-Cholesterins sinkt, steigt die Konzentration des „schlechten" LDL-Cholesterins. Die veränderte Zusammensetzung der Blutfette verschlechtert wiederum den Zustand der ohnehin schon beeinträchtigten Gefäße. Somit stellt Rauchen einen der größten Risikofaktoren für Bluthochdruck überhaupt dar.

Auch das Risiko, einen Schlaganfall oder Herzinfarkt zu erleiden, ist bei Rauchern deutlich erhöht. Natürlich schadet auch Passivrauchen dem Körper und erhöht das Risiko für Herz-Kreislauf-Erkrankungen erheblich. Gerade Personen, die bereits unter erhöhtem Blutdruck leiden, sollten unbedingt versuchen, das Rauchen einzustellen – durch den Rauchstopp wird nicht nur das Risiko für Herz-Kreislauf-Erkrankungen gesenkt, sondern auch für zahlreiche weitere Krankheiten, die an dieser Stelle nicht einzeln genannt werden müssen. Wenn Sie mit dem Rauchen aufhören möchten, bietet sich die Substitution mit Nikotinpflastern, -sprays oder –kaugummis an, wobei Nikotinpflastern der Vorzug zu geben ist – wegen der kontinuierlichen und nicht bedarfsweisen Freigabe von Nikotin. Bezüglich der Anwendungsart und –dauer von Nikotinpflastern bzw. –kaugummis oder –sprays können Sie sich in Ihrer Apotheke beraten lassen. Eine hohe Erfolgsquote erreichen auch verhaltenstherapeutische Entwöhnungsprogramme in einer Gruppe, welche z. B. im Rahmen von Raucherambulanzen an Universitätskliniken stattfinden. Auch Selbsthilfegruppen oder die Unterstützung durch den Partner/Familie können sehr hilfreich und motivierend sein.

Zucker - Nicht süßer Spaß, sondern toxischer Teufel

Lebensmittel und Getränke mit hohem Zuckergehalt nehmen bedauerlicherweise bei vielen von uns einen großen Anteil an unserer Ernährung ein. Das fängt bereits morgens beim Frühstück an. Beispielsweise das Müsli - was nach einem gesunden Start in den Tag klingt, ist leider oft genau das Gegenteil. Besonders tückisch sind hierbei Fertig- und Knuspermüslis, die bis zu 25 % Zucker enthalten - solche Müslis sind weit davon entfernt, gesund zu sein - und gebührte ihnen im Supermarkt eher ein Platz in der Süßwarenabteilung denn in der Cerealienecke. Es ist aber nicht nur das Müsli, auch die beliebten Nuss-Nougat-Cremes und andere süße Brotaufstriche sind letztlich keinen Deut besser. Und nach dem Frühstück sieht es im weiteren Verlauf des Tages oft nicht besser aus, was die Zuckerbilanz betrifft. Da werden als Zwischenmahlzeit „gesunde Energiespender" wie Müsli- und Schokoriegel verzehrt, die geballte Kraft für den Tag schenken sollen - in Wirklichkeit aber nur so vor Zucker strotzen. Als Getränke werden den lieben langen Tag zuckerhaltige Limonaden sowie auch Heißgetränke wie gezuckerter Tee, heiße Schokolade, Cappuccino usw. in rauen Mengen geschlürft - und aufgelöst in Flüssigkeit werden die Zuckermassen zur versteckten Zuckerfalle. Denn der Zucker in Getränken leuchtet ja nicht wie der Speckrand an einer Scheibe Schinken.

Nach dem Mittagessen folgt als krönender Abschluss der Mahlzeit das süße Dessert, im Laufe des Nachmittags folgen Pralinen als Nervennahrung und Gaumenkitzel und die obligatorische Kuchentafel darf zumindest am Wochenende nicht fehlen. Abends dann noch die Schokolade zum Krimi und anschließend das Betthupferl zur Nacht. Und ruck, zuck haben wir bei unserem täglichen Zuckerkonsum jedes tolerierbare Limit überschritten. Und obwohl der Zuckerverbrauch seit Jahrzehnten relativ konstant geblieben ist, schlägt der durchschnittliche Pro-Kopf-Zuckerverbrauch mit etwa 35 Kilogramm pro Jahr - oder anschaulicher ausgedrückt etwa 120-150 g pro Tag - doch gewaltig zu Buche. Aber ist denn Zucker wirklich so ungesund? Nun, um die schädliche Wirkung des Zuckers auf die Zähne weiß jedes Kind - aber die Zähne kann man ja putzen und zur Prophylaxe beim Zahnarzt geht man obendrein. Aber die schädliche Wirkung des Zuckers betrifft nicht nur die Zähne, sondern den gesamten Organismus. Die zerstörende Wirkung des Zuckers auf die Zähne beruht auf der Umwandlung des Zuckers in Säure, diese durchbohrt den Zahnschmelz und lässt so Löcher entstehen. Auch der Zusammenhang zwischen einem hohen Zuckerkonsum und Übergewicht ist gemeinhin bekannt. Kohlenhydrate in Form von Zucker, die vom Körper nicht in Energie umgewandelt und verbraucht werden, werden als Energiereserven in Gestalt von Fett gespeichert, auf welches der Körper in Notzeiten zurückgreifen könnte - bei der allgemein verbreiteten Bewegungsarmut tritt ein solcher Notstand aber nur mit sehr geringer Wahrscheinlichkeit ein.

Ein zu hoher Zuckergehalt in der Nahrung ist neben einer genetischen Komponente auch die Hauptursache für Diabetes. Durch weißen Industriezucker wird Zucker in konzentrierter Form gleichsam mit einem Schlag verabreicht, so dass die Bauchspeicheldrüse wahre Höchstleistungen vollbringen muss, um den Blutzuckerspiegel wieder zu senken und auch konstant zu halten. Durch diese anhaltende Überforderung wird die Bauchspeicheldrüse geschwächt und ist am Ende nicht mehr in der Lage, die erforderliche Menge an Insulin auszuschütten, um den Blutzuckerspiegel konstant zu halten. Dieser unschöne Zustand kennzeichnet dann das Vollbild des Diabetes. Sehr interessant und weitaus weniger bekannt ist dagegen der hochsignifikante Zusammenhang zwischen dem jährlichen Zuckerverbrauch in einem Land und der Häufigkeit depressiver Erkrankungen. Über den kausalen Zusammenhang zwischen einem hohen Zuckerkonsum und der Entstehung von Depressionen wird in der Forschung intensiv spekuliert - unter anderem ist denkbar, dass sich ein vermehrter Zuckerkonsum auf die Konzentration der Endorphine auswirkt (die bei Entwicklung von Depressionen vermindert sind) und auch, dass süßer Geschmack Hirnzentren aktiviert, die bei der Entstehung der Depression eine Rolle spielen. Auch Bluthochdruck kann seine Ursache u. a. in einem Zuviel an Zucker haben. So kann ein erhöhter Insulingehalt im Blut durch ausgiebigen Zuckerkonsum die Gefäßinnenwände angreifen und damit einer Arterienverkalkung Vorschub leisten.

Und eine Arterienverkalkung birgt - wie wir bereits gelesen haben – eine stete Gefahr für Bluthochdruck und Schlaganfall. Weiterhin führt ein hoher Zuckerkonsum zu einer Übersäuerung des Körpers. Eine Übersäuerung des Körpers zieht wiederum Schäden an den Gefäßwänden nach sich – denn der Körper muss zur Neutralisierung einer hohen Säurebelastung Basenbausteine aus den Gefäßwänden entwenden, wodurch diese porös und brüchig werden. Sind die Gefäßwände wiederum durchlässig und nicht mehr intakt, können Substanzen des vorbeifließenden Blutes hängen bleiben und sich festsetzen. Die Ablagerungen wirken sozusagen wie Stolpersteine, die einen ungestörten Transport des Sauerstoffs behindern. Um dennoch einen konstanten Blutstrom gewährleisten zu können, muss der Körper den Blutdruck erhöhen, damit das Blut gegen den sich aufbauenden Widerstand alle Regionen des Körpers erreichen kann. Weiter entzieht Zucker dem Körper wichtige Mineralstoffe, z. B. Calcium, was wiederum zu einer Erhöhung des Blutdrucks führen kann. Nicht zuletzt führt ein zu hoher Zuckerkonsum in vielen Fällen zu Übergewicht – und Übergewicht ist wiederum ein gefährlicher Risikofaktor für Bluthochdruck.

Fleisch - Die rote Gefahr

Insbesondere rotes Fleisch - also Rind-, Schweine-, Lamm- und Ziegenfleisch - ist bei gesundheitsbewussten Menschen schon lange verpönt, da es der Gesundheit massiv schaden und sogar das Leben verkürzen kann. Wer besonders viel rotes Fleisch sowie daraus verarbeitete Produkte wie Wurst verzehrt, erleidet bei sonst gleichen Bedingungen ein 1,3fach erhöhtes Risiko zu sterben im Vergleich zu jemandem, der besonders wenig oder gar nichts davon isst. Ursache ist eine erhöhte Rate an Herzinfarkten und Krebserkrankungen. Grund hierfür ist wiederum die Entstehung von krebserregenden Substanzen beim Braten von rotem Fleisch sowie der hohe Gehalt an gesättigten Fettsäuren. Interessanterweise führt bereits ein mäßiger Fleischkonsum von täglich rund 150 g zur Verkürzung des Lebens - aufsehenerregende Fleischportionen sind also gar nicht nötig, um die Gefahr einer Krebserkrankung oder eines Herzinfarkts zu erhöhen. Weißes Fleisch wie Huhn oder Pute trägt dagegen nicht zu einem früheren Ableben bei. Nichtsdestotrotz ist es ratsam, aus ethischen Gründen (Stichwort Massentierhaltung) sowie aus Gründen des Umweltschutzes Fleisch häufiger links liegen zu lassen.

So fließen allein zwischen 15 und 25 Prozent des weltweiten Wasserverbrauchs in die Viehzucht - und knapp 20 Prozent der Treibhausgase werden vom Vieh ausgestoßen - mehr als vom Verkehr. Generell sind vegetarisch und vegan lebende Menschen deutlich seltener von Bluthochdruck betroffen als Mischköstler. Unter Berücksichtigung von Alter und Körpergewicht weisen Vegetarier und Veganer erheblich niedrigere Blutdruckwerte auf. Grund ist zum einen die hohe Eiweißbelastung von Fleisch, die zur Übersäuerung des Körpers und infolgedessen zu Gefäßschäden und Blutdruckerhöhung führen kann (Näheres siehe im Kapitel „Übersäuerung als Ursache von erhöhtem Blutdruck"). Zum anderen führt der hohe Anteil an gesättigten Fettsäuren im Fleisch gleichermaßen zu negativen Gefäßveränderungen und infolgedessen zu Bluthochdruck.

Hinzu kommt, dass Fleisch und Wurstwaren zu einer Erhöhung der Blutfette (sowohl von Trigylceriden als auch vom „schlechten" LDL-Cholesterol) führen und damit die Vorboten von Gefäßveränderungen sind. Noch schädlicher als Fleisch sind Wurstwaren, da diese oft stark gesalzen sind und damit eine weitere Belastung für den Blutdruck darstellen. Im Sinne einer blutdruckgesunden Ernährung wird daher die Reduktion des Fleischverzehrs auf zwei bis drei Fleischmahlzeiten pro Woche empfohlen.

Trans-Fettsäuren - Killerfett in unserer Nahrung

Transfettsäuren stellen innerhalb der Gruppe der Fette eine ganz besondere Gefahr dar und zählen aus ernährungsphysiologischer Sicht zu den unerwünschten Bestandteilen unserer Nahrung. Aber was verbirgt sich eigentlich hinter dem unsympathischen Begriff Trans-Fettsäuren? Trans-Fettsäuren sind Fettsäuren mit trans-konfigurierten Kohlenstoff-Doppelbindungen. In unserer Ernährung sind sie besonders in industriell produzierten Lebensmitteln zu finden, wo sie durch die Härtung von Pflanzenölen entstehen. Beispiele für Lebensmittel mit einem hohem Gehalt an Trans-Fettsäuren sind Pommes frites, Kartoffelchips und verschiedene Back- und Bratfette. Spitzenreiter in der Konzentration an Trans-Fettsäuren sind Blätterteig, Frittieröl und Instantsuppen. Trans-Fettsäuren üben einen schädlichen Einfluss auf die Blutgefäße aus, wodurch die Entstehung von Arteriosklerose gefördert werden kann. Außerdem erhöhen Trans-Fettsäuren die Konzentration an schädlichen Blutfetten.

Übersäuerung als Ursache von erhöhtem Blutdruck

Die moderne Ernährungs- und Lebensweise geht häufig mit einer Übersäuerung des Organismus einher. Oft gelingt es dem Körper eine bestehende Übersäuerung lange Zeit – oft sogar über mehrere Jahrzehnte – zu kompensieren. Erst wenn die körpereigenen Kompensationsmechanismen wie ein Kartenhaus zusammenfallen, tritt die Krankheit in ihrer vollen Ausprägung an die Oberfläche. Auch für die Gefäße und für den Blutdruck ist die schleichende Übersäuerung des Organismus gefährlich. So muss der Körper zur Neutralisierung einer hohen Säurebelastung Basenbausteine aus den Gefäßwänden entwenden, wodurch diese porös und brüchig werden. Sind die Gefäßwände wiederum durchlässig und nicht mehr intakt, können Substanzen des vorbeifließenden Blutes hängen bleiben und sich festsetzen. Die Ablagerungen wirken sozusagen wie Stolpersteine, die einen ungestörten Transport des Sauerstoffs behindern. Um dennoch einen konstanten Blutstrom gewährleisten zu können, muss der Körper den Blutdruck erhöhen, damit das Blut gegen den sich aufbauenden Widerstand alle Regionen des Körpers erreichen kann. Denn die Arterien des Körpers haben die Aufgabe, das mit lebenswichtigem Sauerstoff angereicherte Blut von der Lunge über das Herz in die Peripherie zu führen.

Die Erhöhung des Blutdrucks ist also der verzweifelte Versuch unseres Körpers und unseres Selbstregulationssystems, das Blut durch die unelastischen Gefäße zu transportieren, damit die Sauerstoff- und Nährstoffversorgung nicht zusammenbrechen. Zu jeder Blutdrucktherapie gehört folglich auch die Optimierung des Säure-Basen-Haushalts. Zur Bestimmung der Säurebelastung im Körper wird der pH-Wert des Urins herangezogen. Die pH-Messung im Urin lässt sich ganz problemlos zu Hause durchführen. Aufgrund von Entsäuerungs- und Reinigungsmaßnahmen, denen unser Körper in der Nacht unterzogen wird, ist der Morgenurin am sauersten, während er im Laufe des Tages ganz charakteristischen Schwankungen unterliegt. Um reproduzierbare Ergebnisse zu erhalten, sollte man eine Woche lang am besten sieben Mal täglich die pH-Werte aus dem sogenannten Mittelstrahlurin ermitteln. Aus allen Werten wird der durchschnittliche Wert ermittelt. Eine einmalige Messung ist unbrauchbar, da diese nur eine Momentaufnahme darstellt.

Die sieben Messungen sollten zu folgengenden Tageszeiten stattfinden:

- Vor dem Frühstück (ca. 7 Uhr)
- Etwa 3 Stunden nach dem Frühstück (ca. 10 Uhr)
- Vor dem Mittagessen (ca. 12 Uhr)
- Etwa 3 Stunden nach dem Mittagessen (ca. 15 Uhr)
- Vor dem Abendessen (ca. 18 Uhr)
- Etwa 3 Stunden nach dem Abendessen (ca. 21 Uhr)
- Vor dem Schlafengehen (ca. 23 Uhr)

Durchführung der pH-Messung

Der pH-Wert lässt sich spielend leicht mittels sogenannter Indikatorstäbchen oder pH-Papier, das man in jeder Apotheke kaufen kann, bestimmen. Lassen Sie sich hierzu in Ihrer Apotheke beraten. Um exakte Ergebnisse zu erhalten, sollte man darauf achten, dass das pH-Papier den Bereich von mindestens pH 4,5 bis 8,4 abdeckt und auf 0,2 Punkte genau anzeigt. Das Indikatorpapier kann man entweder in den Mittelstrahlurin halten oder den Urin in ein Gefäß füllen und den Streifen eintauchen - es ist jeweils darauf zu achten, dass das Papier ganz durchfeuchtet wird, das Ergebnis ist maximal nach 20 Sekunden abzulesen. Der pH-Wert des Urins ändert sich blitzschnell und reagiert sofort auf die Nahrung des Vortages. Deshalb ist es auch so wichtig, dass Sie bei der Messung Ihre üblichen Ernährungsgewohnheiten beibehalten.

Da bestimmte Medikamente, etwa Acetylsalicylsäure (z. B. in Aspirin enthalten), säuernd wirken, sollten Sie während der pH-Messungen möglichst auf die Einnahme solcher säurebildender Medikamente verzichten. Um einen ausgeglichenen Säure-Basen-Haushalt zu gewährleisten, ist es unerlässlich, insbesondere den Verzehr von Fleisch- und Wurstwaren einzuschränken.

Basenreich sind dagegen fast alle Gemüse- und Obstsorten. Ausschlaggebend dafür, ob ein Lebensmittel sauer oder basisch wirkt, ist nicht immer der Geschmack - sondern, ob das Endprodukt nach der Verarbeitung durch den Stoffwechsel sauer oder basisch reagiert. Säurebildende Nahrungsmittel enthalten oftmals ursprünglich per se keine Säure, produzieren aber als Stoffwechselendprodukte Säuren oder saure Substanzen. Und das ist die Crux bei der Sache:

Diese Art der säurebildenden Nahrungsmittel schmeckt nicht sauer, sie scheint neutral oder gar basisch zu sein. Wer denkt beim Verzehr von Pralinen oder Schokolade schon an im Körper entstehende Säuren? Allenfalls ist man sich der kalorischen Belastung durch die süßen Sünden bewusst. Und so ist man bereits unwissend in die Säure-Falle getappt. Bei einer bestehenden Übersäuerung des Körpers ist die erste und einfachste Maßnahme die Zufuhr von basenbildender Nahrung, bei gleichzeitiger Reduzierung von säurebildender Kost.

Säurebildende Lebensmittel

Tierische Eiweiße wie Fleisch, Wurst, Fisch, Eier wirken säurebildend

Hauptproblem beim tierischen Eiweiß ist neben der Säurebelastung auch das tägliche Zuviel an Eiweiß durch den Verzehr von zu viel Fleisch und Wurst. Während ein erwachsener Mensch täglich 30 bis 60 g Eiweiß (enthalten in einer Portion Fisch oder Fleisch) benötigt, beträgt die tatsächliche Eiweißzufuhr in den westlichen Industrieländern 80 bis 150 g pro Person und Tag. Diese Zahlen bedürfen keiner weiteren Erklärung, ein Großteil der Menschen überschreitet die empfohlene Eiweißmenge bei weitem, nicht wenige leiden sogar unter einer sogenannten „Eiweißmast". Für viele Menschen ist eine Mahlzeit ohne Fleisch unvollkommen, für Beilagen wie Salat und Gemüse ist eher eine Nebenrolle vorgesehen. Abgesehen von ethischen Betrachtungen, mit denen wir durch die heutige Massentierhaltung konfrontiert werden, sowie von Medikamentenrückständen im Fleisch - welche jeder Hausapotheke Paroli bieten könnten - ist die unausweichliche Folge des übermäßigen Fleischverzehrs die gnadenlose Übersäuerung unseres Körpers. Denn Eiweiß aus tierischem Protein wird in Salze der Schwefel- und Phosphorsäure umgewandelt. Schwefel- und Phosphorsäuren sind wiederum starke Säuren, und werden zudem auch sauer verstoffwechselt. Weiterhin entsteht beim Abbau von Eiweiß Harnsäure, die als Vorreiter bei der Entstehung der Gicht allgemein bekannt ist.

Die säurebildende Wirkung variiert bei den einzelnen Fleischsorten übrigens nur geringfügig. Gegen den Genuss von Fleisch in Maßen ist natürlich nichts einzuwenden - nach Möglichkeit sollte man aber Fleisch aus artgerechter und biologischer Landwirtschaft bevorzugen und den Verzehr von Fleisch und Wurst stark einschränken.

Milchprodukte wie Käse, Quark, Joghurt und Sahne wirken leicht säuernd

Milch und Milchprodukte wie Käse und Joghurt werden im Körper zu leicht sauren Endprodukten umgewandelt, was aber durch deren hohen Mineralstoffgehalt teilweise ausgeglichen wird. Nur Rohmilch selbst wirkt leicht basisch - allerdings ist die im Handel erhältliche Milch fast durchweg pasteurisiert. Pasteurisierte Milch ist jedoch chemisch verändert und wirkt als Endprodukt säuernd. Rohmilch dagegen ist fast nur noch beim Bauern zu beziehen, jedoch ist hier eine eventuelle Keimbelastung zu berücksichtigen. Alle Käsesorten wirken ebenfalls säuernd, wobei es Unterschiede zwischen den einzelnen Sorten gibt: So wirkt Parmesan bspw. stärker säuernd als zum Beispiel Frischkäse; und einzig Käse aus Rohmilch wirkt leicht basenbildend. Zu beachten ist weiterhin, dass stark molkehaltige Milchprodukte wie Quark und Joghurt von stark übersäuerten Menschen oft nicht vertragen werden.

Getreide (Hafer, Weizen, Gerste): Gesund, aber säurebildend

Bei der Verdauung der oben genannten Getreidearten wird im Körper Säure gebildet - und dies passiert unabhängig davon, ob wir das Getreide in Form von ganzen Körnern, Flocken, Mehl oder verarbeitet in Form von Teigwaren oder Gebäck zu uns nehmen. Zwischen Vollkorngetreide und raffiniertem Getreide (z. B. geschältem Reis, Weißbrot usw.) gibt es übrigens keinen Unterschied in Bezug auf die Säureproduktion. Trotzdem sind Vollkornprodukte natürlich vorzuziehen, da deren Mineralstoff- und Vitamingehalt viel höher ist. Das volle Korn verfügt zudem über genügend Ballaststoffe, welche die Verdauung anregen und zu einer längeren Sättigung führen. Auch führen die im Vollkorn enthaltenen Mineralstoffe dem Körper wiederum Basen zu, so dass die Säurebelastung zum Teil wieder ausgeglichen werden kann. Als Faustregel gilt, dass ein Getreidekorn einen umso geringeren Anteil an säurebildendem Eiweiß enthält, und umso mineralstoffreicher ist, je kleiner das Getreidekorn ist. Große Getreidekörner wie Weizen, Roggen, Hafer und Reis sind z. B. viel säurebildender als die kleinen Körner Amaranth oder Quinoa.

Zucker, zuckerhaltige Backwaren wie Kuchen und Torten, Schokolade

Nicht nur Kalorienbomben, sondern auch säurebildend Zucker sowie alle zuckerhaltigen Produkte wirken stark säurebildend, da durch die Gärung von Zucker Säuren entstehen.

Einzig unraffinierte Zuckerarten wie beispielsweise brauner Vollrohrzucker und Ahornsirup kann man den neutralen Lebensmitteln zuordnen, weshalb diese den raffinierten Zuckern vorzuziehen sind. Die schädliche Wirkung des Zuckers beruht natürlich nicht nur auf seiner säurebildenden Wirkung: Zucker raubt dem Körper auch Mineralstoffe wie Calcium und Vitamine wie B1. Zucker schwächt weiterhin das Immunsystem und kann Stoffwechselkrankheiten wie Diabetes auslösen. Und um die schädigende Wirkung des Zuckers auf den Zahnschmelz weiß bereits jedes Kind.

Fette und Öle

Je raffinierter, desto gefährlicher Besonders gehärtete oder raffinierte Fette und Öle sowie tierische Fette wie Schmalz wirken stark säurebildend. Diese Fette sind also nicht nur wegen ihrer hohen Kalorienzahl und ihrer bedenklichen Wirkung auf die Gesundheit (raffinierte Fette spielen eine Rolle bei der Entstehung bestimmter Krebsarten), sondern auch wegen der Säurebildung stark einzuschränken. Kalt gepresste, schonend hergestellte pflanzliche Öle wirken im Stoffwechsel dagegen neutral und gehören wegen der wertvoller. ungesättigten Fettsäuren zu jeder gesunden Ernährung.

Zusätze in Nahrungsmitteln

Wie Konservierungsstoffe, Farbstoffe, Geschmacksverstärker wie Glutamat oder Süßstoffe wie Aspartam Oft versteckte, aber nicht minder gefährliche Säurebildner.

Regelmäßige Bewegung gegen Bluthochdruck

Regelmäßige Bewegung bzw. Sport ist eine unverzichtbare Komponente zur Reduktion des Blutdrucks. Wichtig ist regelmäßige, am besten tägliche Bewegung. Genauso wesentlich ist es jedoch auch gerade für Hypertoniker, sich nicht zu überlasten und keine sportlichen Höchstleistungen anzustreben. Bereits die Umstellung von völliger Inaktivität auf leichte sportliche Betätigung bringt einen großen Gewinn für die Gesundheit. Vorsichtig sollten Hypertoniker sein, bei denen bereits im Ruhezustand der Blutdruck über 160/95 mm Hg liegt. In diesen Fällen sollte man sich vor einem evtl. Trainingsbeginn von einem Arzt beraten lassen, zudem sollte man einen Belastungstest durchführen lassen, bei dem die Herzaktivität und der Blutdruck bei körperlicher Betätigung gemessen werden. Auch Menschen über 45 Jahre, und solche, die in der letzten Zeit keinen Sport betrieben haben sowie Menschen mit Übergewicht, sollten sich vor der ersten Trainingseinheit gründlich vom Arzt durchchecken lassen. Möglich ist dies bei Kardiologen, Sportmedizinern oder Internisten.

Gerade bei Sportanfängern mit Hypertonie ist es wichtig, zu Beginn die Belastungsdauer sowie die Intensität der Belastung gering zu halten. Beim Hypertoniker steigt bei der Ausübung von Sport der Blutdruck an – wie dies natürlich auch beim gesunden Menschen der Fall ist. Bei einem Menschen, dessen Blutdruck aber ohnehin schon sehr hoch ist, kann ein weiterer Anstieg des Blutdrucks schnell gefährlich werden – so kann es vornehmlich bei exzessiver Sportausübung zu dramatischen Ereignissen wie dem plötzlichen Herztod können. Aus diesem Grund ist es wichtig, keinen falschen sportlichen Ehrgeiz zu entwickeln und im Zuge eines sportlichen Trainings evtl. verordnete blutdrucksenkende Medikamente niemals eigenmächtig abzusetzen.

Bewegung bringt einen großen Gewinn für die gesamte Gesundheit

Dass regelmäßige Bewegung nicht nur positive Auswirkungen auf den Blutdruck hat, sondern der gesamte Mensch davon profitiert, ist ohne weiteres plausibel. Jeder, der selbst mal längere Zeit auf der Couch verweilt hat und nach geraumer Zeit wieder sportlich aktiv wird, weiß, wie positiv sich regelmäßige sportliche Betätigung auf Körper, Geist und Psyche auswirkt. Optimal ist auch, dass die positive Wirkung auf die Gesundheit schon nach wenigen Wochen Training sicht- und erlebbar wird. Regelmäßige Bewegung lässt zum einen überflüssige Pfunde schmelzen, wodurch ein hoher Risikofaktor für Bluthochdruck - nämlich Übergewicht - minimiert wird. Wer Sport treibt, erhält ein besseres Körpergefühl, nicht nur aufgrund der Gewichtsreduktion. Der Mensch wird fitter und agiler, Leistungsfähigkeit und Vitalität steigen nachhaltig. Bei sportlicher Betätigung werden Endorphine, körpereigene Glückshormone, ausgeschüttet, der Sportler gewinnt neue Lebensfreude, wird glücklicher, zufriedener und ausgeglichener. Die Haltung verbessert sich, die Gelenke werden geschmiert, Schmerzen lassen nach. Weiter wird das Immunsystem aktiviert, die Knochen werden gestärkt, der gesamte Körper wird beweglicher und elastischer. Der Sportler gewinnt zudem an Selbstbewusstsein.Durch Bewegung werden weiter Durchblutung und Stoffwechsel angeregt, so können das Herz und der gesamte Organismus besser arbeiten.

Durch körperliche Betätigung werden ferner die arteriellen Blutgefäße erweitert, wodurch der Blutdruck sinkt, gleichzeitig werden alle Körperzellen vermehrt mit Sauerstoff und Nährstoffen versorgt. Neben der Blutdrucksenkung wird auch das Herz entlastet, so wird die Vor- und Nachlastsenkung am Herzen deutlich vermindert. Schließlich hilft kontinuierliche Bewegung, Stress abzubauen, die Aktivität des sympathischen Nervensystems nimmt ab. Das überaktive Herztätigkeit wird gebremst, die Pulsfrequenz verlangsamt. Das vegetative Nervensystem beruhigt sich, infolgedessen kann der Blutdruck wieder auf Normalmaße gesenkt werden. Der Blutdruck nimmt durchschnittlich um 5-10 mm Hg ab, wobei es natürlich durchaus individuelle Unterschiede gibt. Nach zehn Jahren regelmäßiger Sportausübung kommt es nochmals zu einer zusätzlichen Senkung des Blutdrucks.

Regelmäßige Bewegung sorgt für Ausgeglichenheit und Gelassenheit, der Sportler nimmt sich ganz sprichwörtlich viele Dinge „nicht mehr so zu Herzen" und regt sich nicht mehr über Banalitäten auf. Durch Sport werden weiter Stoffwechsel und Verdauung angeregt, der Verbrauch von Fett und Zucker steigt, ein erhöhter Insulinspiegel – ein wichtiger Risikofaktor für die Entstehung von Übergewicht – sinkt ab. Weiterhin sinken die Trigylceride im Blut, die Konzentration des „guten" Cholesterols HDL steigt an, während der Gehalt des „schlechten" Cholesterols LDL abfällt.

Welcher Sport ist für Hypertoniker geeignet?

Gut geeignet für das Herz-Kreislauf-System ist v. a. moderater Ausdauersport, z. B. Wandern, Nordic Walking, Schwimmen oder Radfahren. Empfehlenswert sind drei bis fünf Trainingseinheiten pro Woche, die Dauer einer Trainingseinheit sollte mindestens 30 Minuten betragen. Am Anfang kann es sinnvoll sein, kürzere Trainingseinheiten zu wählen, um den untrainierten Körper langsam an eine steigende Belastung heranzuführen. Das gleiche gilt für die Intensität des Trainings. Ungeübte sollten auf keinen Fall bis zur Erschöpfung joggen – am Anfang genügt es völlig, zügig zu gehen. Wichtig ist, dass der Puls keinesfalls zu stark ansteigt, auch sollte man beim Training niemals in Atemnot geraten oder gar Schmerzen verspüren. Früher galt die Faustregel, dass der Puls höchstens 180 minus Lebensalter betragen darf. Diese Regel ist mittlerweile überholt, sie kann allenfalls noch als Anhaltspunkt gelten. Wer sich unsicher ist bzgl. der Belastungsintensität, kann sich vor Beginn des Trainings von einem kompetenten Sportmediziner beraten lassen.

Zusätzlich zum Ausdauersport ist leichtes Krafttraining empfehlenswert, denn eine größere Muskelmasse verbessert u. a. den Stoffwechsel und den Abbau von Körperfett. Gerade ältere Hypertoniker profitieren auch davon, dass beim Krafttraining dem Abbau von Muskeln entgegengewirkt wird. Beim Krafttraining im Fitnessstudio sollte man sich allerdings nicht mit muskelgestählten Bodybuildern messen, das Heben von schweren Gewichten ist zu vermeiden. Ein typischer Fehler ist bspw. auch die Pressatmung, die zu gefährlichen Blutdruckspitzen führen kann. Deshalb ist es unerlässlich, sich beim Ausüben von Krafttraining von einem kundigen Fitnesstrainer betreuen zu lassen. Grundsätzlich ist Krafttraining an Geräten möglich, besonders empfehlenswert ist jedoch Training an Geräten mit geführten Bewegungen, da hier am besten eine Abschätzung der Belastungsintensität möglich ist. Die Intensität sollte so gewählt werden, dass die Bewegung zehnmal wiederholt werden kann.

Bewegung, die Spass macht

Allgemeiner Bewegungsmangel

Die moderne Lebensweise ist von allgemeinem Bewegungsmangel geprägt: Am Arbeitsplatz sitzt man, zur Arbeit fährt man mit dem Auto, zum Büro gelangt man mit dem Aufzug. Während früher viele Strecken zu Fuß zurückgelegt werden mussten und viele handwerkliche Tätigkeiten selbst verrichtet werden mussten, ist dies in der modernen Zeit nicht mehr erforderlich. Doch diese vermeintlichen Erleichterungen haben auch ihre Kehrseite, nämlich einen immer weiter zunehmenden Bewegungsmangel. Den beruflich bedingten Bewegungsmangel könnte man durch fleißige Bewegung am Feierabend kompensieren, was man aber meist nicht tut. Nach Dienstschluss stehen dann nicht etwa Spaziergänge in der Natur an erster Stelle, sondern man sitzt gerne vor dem Fernsehapparat oder am Computer. Um es provokant auszudrücken: Man ist bequem und träge geworden, nur eine Minderheit der Bevölkerung kann sich überhaupt noch zu einem regelmäßigem Sportprogramm aufraffen. Bewegungsmangel aber macht dick und krank. Denn wir sind viel mehr in die Gesetzmäßigkeiten der Natur eingebunden, als wir gemeinhin glauben. Unser Körper ist dafür vorgesehen, ständig in Bewegung zu sein. Wollen wir dann endlich fit werden und kommen in die Pötte, so übertreiben wir es oft gleich maßlos:

Wir überlasten uns im Fitness-Studio beim Hantel-Stemmen oder bei einseitigen Sportarten wie Tennis, und in guter Absicht erreichen wir oft nur das Gegenteil. Gesundheitliche Beschwerden wie Gelenk-Erkrankungen stellen sich ein und als Folge davon verlieren wir wieder die Freude an der Bewegung.

Was tun, lautet nun die Frage, wie kann man diesem verderblichen Teufelskreis entkommen? Es gilt, nur ein paar ganz einfache Regeln zu beherzigen, um eine sinnvolle Bewegung zu praktizieren, die sich auf alle Bereiche unseres Lebens positiv auswirkt.

Bewegung bringt den Kreislauf auf Trab

Durch Bewegung werden Kreislauf und Durchblutung angeregt, es wird mehr Blut in die Gefäße gepumpt – auf diese Weise wird die Aktivität aller Organe gesteigert. Zudem werden durch die bessere Durchblutung alle Zellen des Körpers einem Verjüngungs- und Regenerationsprozess unterzogen. Zusätzlich wird durch Bewegung das Lymphsystem in Schwung gebracht - Gifte, Schlacken und Krankheitserreger können auf diese Weise effizienter ausgeschieden werden. Auch die Stoffwechselaktivität der Leber wird durch Bewegung angeregt, so kann die Leber ihrer Entgiftungsfunktion besser nachkommen. Gelöste Schlacken und Giftstoffe können durch die gesteigerte Durchblutung zudem besser aus dem Körper geschleust werden.

Auch die Lymphtätigkeit wird aktiviert, auf diese Weise können mit Hilfe der in den Lymphknoten arbeitenden Immunzellen besonders effektiv alle Krankheitserreger bekämpft werden. Außerdem hilft regelmäßige Bewegung, Stress abzubauen. Besonders Bewegung an frischer Luft birgt auch einen großen Nutzen für das Herz: Frische Luft sorgt für eine zusätzliche Durchblutung des Herzens, wodurch die Regeneration dieses wichtigen Organs wiederum gefördert wird. Optimal für die Gesundheit ist ein moderates Ausdauertraining von 45 Minuten mindestens 3-5 Mal pro Woche. Leistungsorientierter Sport und zu starke Überlastung des Körpers sollten dagegen vermieden werden, da Extremsport in Distress ausartet.

Bewegung: Jedem das seine

Sportliche Betätigung muss Spaß machen, damit Sie am Ball bleiben. Deshalb ist es wichtig, dass Sie je nach Neigung eine Sportart auswählen, die Ihnen Freude bereitet. Sie sollten die sportliche Betätigung genießen, denn so schaffen Sie den richtigen Ausgleich zur Arbeit und werden schnell Erfolge verbuchen. Probieren Sie am Anfang verschiedene Sportarten aus, um herauszufinden, welche Ihnen am besten liegt. Denn Sport sollte keinen Stress und keinen Zwang bedeuten. Denn Stress in Verbindung mit Sport ist zusätzlich zum nicht immer vermeidbaren Stress im Beruf und Privatleben der Gesundheit alles andere als zuträglich. Nach den Anforderungen des Alltags sollte Sport Gelegenheit zur Erholung und Wohlbefinden bieten.

In der Gemeinschaft geht's leichter

Trainieren Sie am besten mehrmals in der Woche zu regelmäßigen Zeiten. Optimal ist es, wenn Sie zusammen mit Freunden oder Kollegen trainieren. So können Sie sich stets gegenseitig motivieren und obendrein macht das gemeinschaftliche Training viel mehr Freude als Sport im Alleingang.

Keine Überlastung

Für eine ausgewogene Säure-Basen-Bilanz ist eine Überlastung beim Sport unbedingt zu vermeiden, da bei zu starker Beanspruchung unseres Organismus zu viel Milchsäure entsteht, die im Körper wiederum Schäden verursacht. Dies kann man sich so vorstellen: Bei zu großer Belastung muss eine große Energiemenge in kurzer Zeit produziert werden. Da die normale Sauerstoffzufuhr hierfür nicht ausreicht, muss Energie ohne den wichtigen Sauerstoff bereitgestellt werden. Diesen Prozess bezeichnet man auch als anaerob. Als Abfallprodukt des anaeroben Stoffwechsels entsteht in den Muskeln die lästige Milchsäure. Damit die Milchsäure vom Körper abtransportiert werden kann, muss diese zu Kohlendioxid und Wasser verstoffwechselt werden. Eine Übersäuerung des Körpers ist vorprogrammiert.

Keine einseitigen Sportarten

Sport ist gesund. Aber nur, wenn Bewegungsapparat und Muskeln nicht zu stark und nicht zu einseitig belastet werden. Gehören zu einer Sportart immer wiederkehrende, einseitige Bewegungen, tun Sie Ihrem Körper damit nichts Gutes.
Nicht zu empfehlen sind bspw. Jogging und die meisten Ballsportarten wie Tennis, Volleyball und Fußball.

Bewegung für Körper und Seele

Ein gesunder Geist steckt in einem gesunden Körper („Sana mens in sano corpore"), dies wusste schon Juvenal. Welchen Einfluss körperliche Bewegung auf Geist und Seele ausübt, war bereits im alten Rom bekannt. Heute weiß man, dass Ausdauersport die Ausschüttung von Endorphinen fördert - das sind körpereigene Botenstoffe, die Glücksgefühle vermitteln. Eine Droge also ohne Nebenwirkungen, wirken die körpereigenen „Pillen" doch auf breiter Basis und können mehr als Zufriedenheit und Glücksgefühle vermitteln: Ein gesunder, tiefer Schlaf wird gefördert, Leistungsfähigkeit und Konzentration verbessern sich. Depressive und ängstliche Verstimmungen werden gelindert.

Dem Übergewicht Einhalt gebieten

Ein weiterer positiver Effekt vom Sport ist der gesteigerte Verbrauch von Kalorien, so dass lästige Fettdepots schrumpfen. Neben einem Anstieg des Arbeitsumsatzes kommt es zu einem Zuwachs an Muskelmasse, wodurch wiederum der Grundumsatz steigt.

Zu beachten ist in diesem Zusammenhang, dass die Fettspeicher am wirkungsvollsten nach einem Bewegungstraining von mindestens 20 Minuten angegriffen werden - daher eignet sich insbesondere Ausdauersport zur Fettverbrennung.

Bauen Sie Bewegung in Ihren Alltag ein

„Jeder Gang macht schlank" - wie viel Wahrheit steckt in diesem Satz. Bauen Sie Bewegung ganz selbstverständlich in Ihren Alltag ein. Viel gewonnen haben Sie schon, wenn Sie statt das Auto zu benutzen zu Fuß zur Arbeit gehen oder mit dem Rad fahren. Wählen Sie stets Treppen statt bequem mit dem Lift zu fahren - nicht umsonst wird Hollywoodschönheiten Treppensteigen als Geheimtipp von ihren Personaltrainern verordnet.

Ideale Ausdauersportarten

Besonders vorteilhaft für die Stärkung des Herzens und für die Gesundheit allgemein ist Ausdauersport. Beim Ausdauersport steht - wie der Name sagt - die Ausdauer im Vordergrund, wobei die Bewegung bei relativ niedriger Intensität erfolgt. Diese Intensität sollte über eine möglichst lange Zeit aufrechterhalten werden, ohne dass es zu einer vorzeitigen körperlichen bzw. geistigen Ermüdung kommt, außerdem sollte sich der Körper so schnell wie möglich wieder regenerieren. Optimal ist eine gleichbleibende Pulsrate, die mit leichtem Training erreicht wird. Mit der Zeit kann die Intensität des Trainings gesteigert werden. Beim Ausdauersport wird auch der Kreislauf auf positive Weise angekurbelt, das Herz arbeitet effizienter und der Ruhepuls sinkt. Weiter werden überflüssige Pfunde abgebaut, welche das Herz zusätzlich belasten. Regelmäßige körperliche Betätigung fördert ganz nachhaltig das Wohlbefinden und eine innere Ausgeglichenheit, wodurch aufkeimender Stress in die Schranken verwiesen wird. Ratsam ist es auf jeden Fall, mindestens eine Ausdauersportart zu betreiben. Das kann Wandern, Schwimmen, Radfahren oder Tanzsport sein.

Wechseln Sie ruhig regelmäßig zwischen den einzelnen Ausdauersportarten ab, damit sich niemals Monotonie und Langeweile einstellen. Denn Sport sollte niemals nur Mittel und Zweck sein, sondern immer auch ein Stück Lebensqualität bedeuten.

Laufen, Laufen, Laufen

Eine der besten Ausdauersportarten ist ganz einfach und von jedermann zu praktizieren: das Wandern an der frischen Luft. Man braucht keine teure Ausrüstung, kein Fitness-Studio, keine teuren Gerätschaften, und diese Bewegungsform ist überall möglich. Hier ist keine Höchstleistung in Form von Jogging gemeint, sondern zügiges Laufen an der frischen Luft. Alles, was Sie dazu brauchen, sind ein paar gute Wanderschuhe und zweckmäßige Freizeitkleidung. Und los kann's gehen. Laufen wirkt sich in vielerlei Hinsicht positiv auf unseren Körper aus. Durch Bewegung an der frischen Luft wird der Kreislauf angeregt und die Durchblutung gesteigert, durch die Einwirkung verschiedener Klimareize werden zudem die Abwehrkräfte aktiviert. Deshalb am besten bei Wind und Wetter an die frische Luft gehen, denn wie heißt es so schön: Es gibt kein schlechtes Wetter, nur schlechte Kleidung. Um die beste Wirkung zu erzielen, sollten Sie ruhig ab und an leichte Steigungen erklimmen: Denn wenn das Herz hüpft, arbeitet dieses besonders gut und wird so geschmeidig und gesund erhalten. Ein ganz wesentlicher Aspekt beim Wandern ist auch der Naturaspekt. Durch das Betrachten der verschiedenen Landschaften im Laufe der Jahreszeiten beruhigt sich der Geist und die Seele jubiliert beim Genießen der vielfältigen Eindrücke der Natur.

Machen Sie sich bei Ihrem nächsten Spaziergang alle diese Eindrücke ganz bewusst und lassen Sie diese gezielt auf sich wirken: Der Ast, der im Wind weht. Der erste Strahl der Sonne im Frühling. Erleben Sie die Natur jeden Tag von neuem.

Tanzsport

Gerade Tanzsport ist als Einstieg geeignet, um bisherige Sportmuffel an Bewegung mit Spaß heranzuführen und ihnen zu zeigen, wie viel Freude es bereiten kann, den Körper auf angenehme Weise richtig zu fordern. Tanz ist ein elementares Ausdrucksmittel des Menschen - es gibt verschiedene Tanzarten schon so lang wie die Menschheit selbst. Tanzen ist eine der geselligsten Sportarten überhaupt, in angenehmer Gemeinschaft werden Kontakte zu anderen Tänzern geknüpft. Tanzen ist auch ein Sport, für den es nie zu spät ist und der für jedes Alter geeignet ist. Der gesamte Körper wird beim Tanzen gefordert, es ist die ideale Ausdauersportart mit positiver Wirkung auf das Herz-Kreislauf-System. Aber auch die seelische Gesundheit kommt nicht zu kurz, drückt doch keine zweite Sportart so wie Tanzsport Lebensfreude aus - beschwingende Musik, gemütliche Räumlichkeiten und elegante Kleidung wirken wie Balsam auf unsere Seele. Durch Tanzen kann ein doppelter Erfolg für den Blutdruck verbucht werden: Zum einen wird durch Bewegung der Blutdruck gesenkt, zum anderen wirken sich die beim Tanzen erlebbaren Gefühle wie Lebensfreude positiv auf den Blutdruck aus.

Ob klassische Standardtänze wie Walzer oder Foxtrott, feuriger Flamengo oder rassige Tänze wie Salsa und Rumba - finden Sie heraus, welche Tanzart Ihnen am besten gefällt und welche am optimalsten zu Ihnen passt und machen Sie diesen Schritt zu Ihrem Lieblingstanz.

Schwimmen

Schwimmen ist eine äußerst gesunde Ausdauersportart, die nicht nur Spaß macht und fit hält, sondern auch noch unsere Gelenke schont. Schwerelos gleiten und schweben wir durchs Wasser und entspannen uns hierbei auf angenehmste Weise. Besonders wenn starkes Übergewicht vorliegt und andere Sportarten deshalb anfänglich nicht ausgeübt werden können, ist Schwimmen empfehlenswert - wird doch der Körper zu einem großen Teil vom Wasser getragen und lastet das Gewicht daher nicht auf den Gelenken. Auch wer an Gelenkproblemen und -schmerzen leidet und beim Joggen oder Walken bei jedem Schritt Schmerzen verspürt, wird das Eintauchen ins kühle Nass als reinste Wohltat erleben. In fast jeder Stadt kann glücklicherweise relativ kostengünstig in städtischen Hallenbädern trainiert werden. Und was gibt es im Urlaub Herrlicheres als im Meer zu schwimmen, über sich der weite Himmel und um sich die Sonne, die sich im Meer spiegelt.

Radsport

Auch Rad fahren ist ein gesunder Ausdauersport, der Spaß macht und von jedermann zu praktizieren ist. Im Gegensatz zum Lauftraining stellt Rad fahren auch eher eine moderate Herz-Kreislauf-Belastung dar, die es fast jedem ermöglicht, auch im untrainierten Zustand längere Fahrten zu unternehmen. Ein weiterer Vorteil gegenüber dem Laufen ist, dass die Gelenke bewegt und trotzdem geschont werden, da diese nicht durch ihr Eigengewicht belastet werden. Rad fahren bietet zudem einen extrem hohen Erlebniswert, da man in kurzer Zeit viele Landschaften, Städte und Sehenswürdigkeiten passiert. Beim Radsport wird das Herz-Kreislauf-System ertüchtigt, die Muskulatur wird trainiert, man verliert Gewicht - und das alles idealerweise in Gesellschaft und in angeregter Unterhaltung mit lieben Mitmenschen.

Auf dem Rücken der Pferde liegt das Glück der Erde

Bei kaum einer anderen Sportart ist man der Natur und dem Himmel näher als beim Reiten. Beschwingt und heiter auf dem Rücken des Pferdes verbindet man beim Reiten den sportlichen Nutzen mit der Wahrnehmung der verschiedenen Landschaftseindrücke beim Trab oder Galopp. Eine ganz wichtige Rolle spielt auch das sogenannte heilpädagogische Reiten, das als Therapie bei psychiatrischen Krankheitsbildern und Verhaltensauffälligkeiten eingesetzt wird.

Über das Medium Pferd werden gerade bei Menschen mit psychischen Erkrankungen alle Sinne angesprochen, durch die Nähe und den Kontakt zum Tier können seelische Blockaden aufgelöst werden.

Langlauf - entlang der winterlichen Idylle

Was gibt es Schöneres, als frische Schneeluft einzuatmen und im Gleichschritt mit der Natur schneeverhangene Tannen, Fichten und liebliche Wälder zu passieren? Gerade im Winter bietet Langlaufsport eine ideale Gelegenheit, die eingerosteten Gelenke wieder zu schmieren, raus in die Natur zu gehen anstelle sich träge in die warme Stube zurückzuziehen. Langlauf fordert aber nicht nur unsere Gelenke und Muskeln, durch das Einatmen der reinen, frischen Luft wird unser Immunsystem gestärkt, so dass es bestens gewappnet ist für die bevorstehende Erkältungszeit. Skilanglauf ist auch eine so wertvolle Sportart, da es das perfekte Ausdauertraining ist, zudem noch gelenkschonend, bei geringem Verletzungsrisiko. Langlaufsport hat ebenfalls einen positiven Einfluss auf Blutdruck, Herzfrequenz und Lungenfunktion.

Gymnastik hält die Gelenke beweglich

Zu jedem ausgewogenen Sportplan gehören neben Ausdauersport auch gymnastische Übungen, welche den Körper elastisch und geschmeidig erhalten. So ist regelmäßige Gymnastik unerlässlich, um fit und beweglich zu werden bzw. zu bleiben. Bei regelmäßigem Training werden Knochen und Gelenke geschmeidig und beweglich, Muskeln trainiert und aufgebaut, sowie das körperliche Wohlbefinden deutlich gesteigert. Auch dem Gleichgewichtssinn und dem Reaktionsvermögen kommt regelmäßige Gymnastik zu Gute. Gymnastik kann man zudem jederzeit und an jedem Ort durchführen - gebraucht wird lediglich eine Matte, bequeme Kleidung und fetzige Musik. Gymnastikprogramme sind einschlägiger Literatur zu entnehmen, wahlweise kann man freilich auch nach DVDs trainieren. Gymnastik kann auch zur gezielten Prävention oder Therapie von gesundheitlichen Schwachstellen dienen, z. B. spezielle Gymnastik bei Beckenbodenproblemen oder aber Wirbelsäulengymnastik bei Rückenschmerzen.

Epilog

Eine gesunde Lebensführung ist die beste Arznei

Obwohl zu hohe Blutdruckwerte zu den gefährlichsten Risikofaktoren für einen Schlaganfall, Herzinfarkt und viele andere Herz-Kreislauf-Erkrankungen zählen, wird die Erkrankung wegen oft fehlender Symptome häufig auf die leichte Schulter genommen. Wird Bluthochdruck nicht behandelt, schädigt er jedoch schleichend und lautlos die Blutgefäße und das Herz – auch sämtliche andere Organe werden durch einen hohen Blutdruck in Mitleidenschaft gezogen, vor allem Nieren, Gehirn und Augen. Hypertonie ist eine komplexe Erkrankung, als Ursachen für erhöhten Blutdruck stehen Stress, Übergewicht, Rauchen, Alkohol, Bewegungsmangel sowie eine ungünstige Ernährung an vorderster Front.

Die gute Nachricht ist jedoch: Bluthochdruck ist kein unabwendbares Schicksal. Wer motiviert ist, etwas für seine Herzgesundheit zu tun, kann in den meisten Fällen viel dazu beitragen, dass der Blutdruck effektiv und nachhaltig gesenkt wird. So wie die Ursachen für die Entstehung für Bluthochdruck vielfältig sind, so zahlreich sind auch die Möglichkeiten, wie Sie den Blutdruck auf natürliche Weise senken können. Diese ganzheitlichen und natürlichen Maßnahmen zur Senkung des Blutdrucks haben Sie in diesem Buch kennengelernt. Ich hoffe, dass Sie den für Sie größtmöglichen Nutzen aus diesem Ratgeber ziehen können.

Herzlichst Ihre Apothekerin Dr. Angela Fetzner

Zur Autorin

Dr. Angela Raab geb. Fetzner, geboren in Bad Kissingen, ebenda auch aufgewachsen. Studium der Pharmazie in Würzburg, anschließend Approbation zur Apothekerin. Aufbaustudium der Pharmaziegeschichte in Marburg, Abschluss als Pharmaziehistorikerin. Dort auch Promotion zum Dr. rer. nat.

Seit 1996 bis dato Arbeit in öffentlichen Apotheken und Krankenhausapotheken in ganz Deutschland sowie der Schweiz. Daneben Seminartätigkeit im In- und Ausland.

Ein herzliches Dankeschön

- an dieser Stelle an alle werten Leserinnen und Leser.

Wenn Ihnen mein Ratgeber gefallen hat und dieser für Sie nützlich ist, würde ich mich über eine kurze Rezension freuen.
Lob, Kritik oder Anregungen können Sie mir gerne auf meiner Facebook-Seite
https://www.facebook.com/AngelaFetzner

oder auf meiner Autorenhomepage mitteilen:
http://www.angela-fetzner.de

Bücher von Dr. Angela Fetzner

Finden Sie alle auf der Autorenhomepage:
http://www.angela-fetzner.de

Hier können Sie sich auch für meinen Newsletter anmelden, um regelmäßig Informationen über neue Bücher, Preisaktionen, Verlosungen und Gesundheitstipps zu erhalten.

Außerdem finden Sie meine E-Books in allen führenden Online Shops und die Druckbücher im Versand- und Standardbuchhandel.

Eine kleine Auswahl weiterer Bücher, die von Interesse für Sie sein könnten

Leber und Galle entgiften und stärken

Eine gesunde Leber ist der Schlüssel zu einem gesunden und vitalen Leben

Unterstützen Sie Ihr wichtigstes Entgiftungsorgan: Die ganzheitliche Leberreinigung Die Leber leidet bekanntlich leise, weshalb wir sie meist nicht mit der nötigen Achtsamkeit behandeln. Grundsätzlich essen wir zu fett, zu säurelastig, weiter belasten wir die Leber durch zu viel Stress und zu wenig Bewegung. Aus diesem Grund ist es sinnvoll, den Körper von diesem Ballast zu befreien und schädliche Abfallprodukte und Gifte auszuschwemmen. Nutzen Sie hierbei die wundervolle Regenerationskraft Ihrer Leber – denn die Leber ist ein ungeheuer dankbares Organ, ihre Selbstheilungskraft beispiellos. Schenken Sie Ihrem wichtigsten Entgiftungsorgan daher eine ganzheitliche Leberreinigung. Mittels der in diesem Buch aufgeführten vielseitigen Maßnahmen wie Heilpflanzentherapie, Teekuren, Darmentgiftung, Schüßler-Salze, Homöopathie, Leberwickel, Wasseranwendungen, Ernährungsempfehlungen usw. wird die Leber auf natürliche Weise entgiftet und gestärkt.

Mit Unterstützung dieser ausgewählten Leberkuren werden Sie bereits nach kurzer Zeit wieder mehr Lebensqualität, Kraft, Vitalität und Lebensfreude verspüren.

Matcha – Gesundheitswunder aus Japan oder teurer Trendtee?

Matcha ist ein zu einem feinen Pulver vermahlener Grüntee, der schon lange in der japanischen Teezeremonie verwendet wird. Mittlerweile hat der giftgrüne Tee auch den europäischen Markt erobert und ist zu einem regelrechten Trendgetränk avanciert. Matcha ist ein typisches Beispiel für ein neues Wundermittel, das gegen fast alle Beschwerden und Krankheiten helfen soll.

Aber was ist wahr daran? Hat Matcha tatsächlich ausgezeichnete Heilwirkungen oder ist es nur ein übertreuertes In-Getränk?

Diesen und vielen weiteren brisanten Fragen geht Apothekerin Dr. Angela Fetzner in ihrem Buch ausführlich nach.

Der dicke Bauch – Raus aus dem Teufelskreis

Ein flacher Bauch entspricht dem Schönheitsideal der meisten Frauen und Männer. Ein dicker Bauch dagegen sieht nicht nur unschön aus, er zieht auch zahlreiche negative gesundheitliche Konsequenzen nach sich.

Doch warum ist der dicke Bauch eigentlich so gefährlich? Ist dies reine Panikmache oder geht vom Bauchfett wirklich eine immense Gefahr aus - wie nun neuerdings immer wieder behauptet wird?

Was sind die hauptsächlichen Gründe für die Entstehung des dicken Bauchs – und vor allem: Was kann man dagegen tun? Antworten auf diese brennenden Fragen werden in diesem Buch ausführlich aufgezeigt.

Die verschiedenen Ursachen für die Entstehung des dicken Bauchs werden erörtert, ferner werden seine negativen Wirkungen auf den gesamten Körper besprochen.

Vor allem aber werden verschiedene Möglichkeiten beschrieben, wie Sie wieder einen schlanken und flachen Bauch zurück gewinnen.

Minimalismus – Loslassen, um zu leben

Da das Thema „Minimalismus" heute mehr Aufmerksamkeit auf sich zieht als noch vor wenigen Jahren, haben Sie sicherlich schon davon gehört oder gelesen. Warum diese Lebenseinstellung heute so viele Menschen anzieht und begeistert, werden Sie verstehen, wenn Sie dieses Buch gelesen haben.

Es geht vor allem darum, sich auf das Wesentliche zu konzentrieren, bewusster zu leben und im Leben aufzuräumen – sowohl in den eigenen vier Wänden als auch in der Psyche.

Minimalismus beschränkt sich nicht nur darauf, wenig Geld auszugeben, sondern umfasst jeden Bereich Ihres Lebens, wenn Sie es zulassen. Ebenso können Sie aber erst mal nur mit einem Thema anfangen und sehen, wie Sie davon profitieren. Wenn Sie möchten, nehmen Sie danach andere Bereiche hinzu. Minimalismus ist eine persönliche Angelegenheit – genauso wie Ihr Leben.

Gehen Sie den Weg, der Ihnen zusagt. Dabei wünsche ich Ihnen viel Freude.

Wünsch Dich schlank – Mit positiven Gedanken zur Traumfigur

Abnehmen beginnt im Kopf, und zwar in bestimmten Regionen des Gehirns. Denn dort entscheidet sich, ob wir der Tafel Schokolade widerstehen oder eben nicht. Deshalb kann, wer die Mechanismen im Gehirn kennt, diesen gezielt gegensteuern und neue Ernährungsgewohnheiten in sein Gehirn übernehmen. Das Gehirn wird gleichsam neu programmiert. In diesem Buch lernen Sie die beeindruckende Macht der Gedanken kennen – die Gedanken manipulieren uns, aber gleichzeitig können wir diese auch nach unseren Regeln spielen lassen. Nicht umsonst heißt es, dass wir das Produkt unserer Gedanken sind. So können wir eingefahrenes Gedankengut zu unserem Vorteil und zu unseren Gunsten verändern. Aus einer alten, schädlichen Routine entsteht eine neue, genussvolle Routine.

Frust wird in Lust umgewandelt – von da an ist der Weg zur Traumfigur greifbar nahe.

Qualität im Zeichen des Mörsers

Warum Qualität im Zeichen des Mörsers?

Warum Fachbuch, Sachbuch und Ratgeber in den Bereichen Medizin, Pharmazie und Gesundheit besser nicht von Laien geschrieben werden sollten? Nun, die Gründe liegen auf der Hand – gerade in diesem sensiblen Bereich ist eine genaue, fachlich kompetente Überprüfung der Inhalte erforderlich. Im Zuge der an sich positiven Öffnung des Buchmarkts ergeben sich leider aber auch Märkte für Betrüger, Scharlatane und selbst ernannte Experten. Deshalb sollte der Leser VOR dem Kauf eines Buches wissen, wer wirklich als Autor dahinter steht. Ein Großteil der Gesundheitsbücher wird von Laien geschrieben, welche über keinerlei medizinische oder pharmazeutische Ausbildung verfügen. Damit diese Tatsache dem Leser nicht auffällt, schreiben diese Autoren unter einem Pseudonym und legen großartige, gefälschte Autorenprofile an, in denen sie wahlweise Ärzte, andere Doktoren, Ernährungswissenschaftler, Ernährungsberater, Heilpraktiker, Coachs oder Psychologen sind. Dazu kommen noch gefakte (käufliche) Fotos von jungen, dynamisch wirkenden Personen – welche diese Autoren aber natürlich gar nicht sind. Der Fantasie des Betrugs sind hier keinerlei Grenzen gesetzt. Auf diese Weise wollen diese Fake-Autoren Kompetenz vortäuschen, welche sie in Wirklichkeit natürlich nicht besitzen.

Liest man die „Bücher" dieser falschen Autoren durch, werden dort bestenfalls nutzlose Hinweise gegeben – ich habe aber auch schon „gute" Ratschläge gesehen, welche dem Leser das Leben kosten können... Das Problem ist hierbei, dass die Leser den scheinbaren Experten vertrauen und als Laien ja auch gar nicht merken, was in solchen „Büchern" vom Stapel gelassen wird. Hinzu kommt, dass viele der „Autoren" „Mehrfachidentitäten" besitzen, d. h. sie benutzen mehrere Pseudonyme, unter denen sie oftmals den gleichen Content veröffentlichen. Der Anteil an höchst unprofessionellen, inhaltlich falschen, gefährlichen und wertlosen „Büchern" – die „Bücher" umfassen hierbei oft nur 10-60 Seiten – steigt exponentiell an, so dass sich der Leser erstmal den Weg durch all diese „Werke" bahnen muss. Aus diesem Grund habe ich – um eine Schneise in den kaum zu durchdringenden Dschungel von qualitativ minderwertiger Laiensachliteratur zu schlagen - das Qualitätslogo im Zeichen des Mörsers entwerfen und schützen lassen, welches dem Leser geprüfte Qualität verspricht.

Qualität im Zeichen des Mörsers

Der Mörser gilt seit dem späten Mittelalter als das bekannteste mit der Apotheke verbundene Symbol und als das Apothekenwahrzeichen schlechthin.

Bei Büchern im Zeichen des Mörsers können Sie darauf vertrauen, dass die Autorin als promovierte Apothekerin sowohl die entsprechende Fachkompetenz als auch die notwendige Praxiserfahrung besitzt. Alle Bücher entsprechen dem aktuellen Wissensstand der Medizin und Pharmazie.

Als Apothekerin der Praxis mit dem entsprechenden fachlichen Wissen ist es das Anliegen der Autorin, dem Leser komplizierte medizinische Sachverhalte verständlich nahe zu bringen. Als unabhängige Autorin und Apothekerin fühlt sich die Verfasserin nur der Gesundheit und dem Wohl der Menschen verpflichtet.

Jeder Nachdruck, jede Wiedergabe, Vervielfältigung und Verbreitung, auch von Teilen des Werkes, jede Abschrift, auch auf fotomechanischem Wege oder im Magnettonverfahren, in Vortrag, Funk, Fernsehsendungen, Telefonübertragung, sowie Speicherung in Datenverarbeitungsanlagen bedarf der ausdrücklichen, schriftlichen Genehmigung der Autorin.